Titre de l'édition originale : *Holacracy : The new management system for a rapidly changing world*

Traduction : Christophe Billon
Mise en page : Émilie Guillemin

17, rue du Regard
75006 Paris – France
ISBN : 979-10-92928-17-4

BRIAN J. ROBERTSON

Préface de David Allen

Avant-propos de Bernard Marie Chiquet,
IGI Partners

LA RÉVOLUTION HOLACRACY

ALISIO

SOMMAIRE

AVANT-PROPOS

Avant-propos de Bernard Marie Chiquet, entrepreneur, ancien dirigeant de grandes entreprises, fondateur de iGi Partners (première société licenciée Holacracy) et certifié Master Coach en Holacracy, le plus haut niveau de certification.

Dans un contexte économique de plus en plus lourd au sein des entreprises, de nombreux patrons se retrouvent acculés et se posent la question légitime d'un changement de modèle permettant de simplifier les organisations et les processus. Holacracy est une nouvelle technologie qui semble aller dans ce sens. Par son mode d'emploi explicite, cette dernière pourrait répondre efficacement aux attentes de ces managers à la recherche d'un nouveau souffle…

« Lorsqu'une chose évolue, tout ce qui est autour évolue de même ». Cette belle phrase signée par la plume de l'écrivain brésilien Paulo Coelho symbolise à la perfection la nécessité d'un changement dans le management pour que le monde du travail évolue de même. Conscients de ce besoin, les chefs d'entreprise demandent dans leur grande majorité une simplification des organisations et des processus. Les entreprises souhaitent en effet alléger les structures – qui s'avèrent trop coûteuses – et sortir du modèle classique de Taylor basé sur la dualité entre les patrons qui créent le travail et ceux qui le font. C'est pourquoi il est temps de challenger un système actuel peu efficient et rigide. Il y a clairement un problème de performance. Quand vous avez un siège où travaillent des centaines de personnes pour des choses sans valeur ajoutée à la mission de l'entreprise, cela coûte cher.

Un autre problème de cette situation est que les managers avaient, avant leur nouvelle fonction, des domaines d'expertise qu'ils perdent du jour au lendemain car ils se consacrent à des tâches de management à temps plein. Or, il est important de rappeler que si un manager perd son expertise, il peut se retrouver sur le carreau en perdant son employabilité. Avec Holacracy, c'est désormais ceux qui font le travail qui le gouvernent, ce qui simplifie considérablement le fonctionnement de l'organisation. Le management n'est plus un travail à temps plein, permettant ainsi à l'ex-manager de se remettre au travail, en remplissant des rôles opérationnels dans ses domaines de compétences et d'expertise. Les individus se gèrent eux-mêmes car ils sont affectés à des rôles que personne ne peut enfreindre, ni même l'ancien manager.

Il est évident qu'on n'adopte pas ce nouveau système du jour au lendemain. La pratique quotidienne permet d'aider l'ex-manager à respecter les règles du jeu présentes dans la constitution de Holacracy. Il va gommer certains réflexes et en adopter de nouveaux. À chaque fois qu'un collaborateur vient chercher l'approbation de son ancien supérieur (réflexe acquis depuis si longtemps), le désormais ex-manager devra regarder le système de gouvernance en place et lui rétorquer si tel est le cas : « Tu n'as pas besoin de venir me voir, c'est toi qui a l'autorité ». À partir du moment où tout le monde se met au travail sans que personne n'agisse en dehors des règles de la gouvernance, il devient possible de réduire les structures managériales tout en faisant le même travail.

« Taylor a trouvé un successeur, les managers peuvent enfin travailler dans leurs zones de talent sans être sollicité à outrance pour régler tous les problèmes et les employés peuvent enfin gouverner leur travail et éliminer eux-mêmes leurs contraintes ; la dualité « manager qui pense » et « employé qui exécute » s'efface au profit d'un système d'autorité distribué dans lequel chacun est leader dans ses rôles ».

LA FRANCE EN AVANCE !

C'est à souligner : la France est le pays le plus en avance sur la mise en place de ce nouveau système de gestion de pouvoir et de nombreuses entreprises françaises ont déjà accompli leur révolution, ou sont en passe de le faire. Une chose est sûre : j'ai la conviction que l'architecture des entreprises doit évoluer par la mise en place d'un mode de gouvernance contemporain permettant de développer les aptitudes nécessaires aux enjeux actuels : agilité, résilience, transparence, intelligence collective et leadership distribué.

PRÉFACE

J'ai rencontré Brian Robertson en Californie, en 2010, à la conférence *Conscious Capitalism* à laquelle nous étions tous deux orateurs. J'ai été captivé par sa méthode novatrice et dynamique pour structurer et faire fonctionner une organisation.

À l'époque, je souffrais encore de certaines erreurs que j'avais commises dans ce domaine. Je m'efforçais de comprendre comment faire en sorte que mon entreprise, certes modeste mais pleine d'enthousiasme, fonctionne en toute autonomie, sans que j'aie besoin d'endosser le costume de P.-D.G.. J'étais conscient de ne pas être le meilleur acteur pour ce rôle. J'étais plus précieux en tant que porte-parole et gardien de la méthode *Getting Things Done* (GTD) rendue populaire par mon livre *S'organiser pour réussir.**

Nous avions entrepris de développer nos travaux à grande échelle compte tenu de l'intérêt croissant que suscitait notre méthode à travers le monde. Je savais que je ne pouvais le mettre en œuvre seul et que je devais être épaulé par quelqu'un ou une structure. Mais il était délicat de confier la direction de l'entreprise à une forte personnalité pas forcément en phase avec notre ADN. J'avais le sentiment que notre philosophie en tant qu'organisation

* David Allen, *S'organiser pour réussir – La méthode GTD ou l'art de l'efficacité sans le stress*, traduit par Alain et Myra Bories, Leduc.s, Paris, 2e édition, 2015.

était plus importante que nous-mêmes individuellement. Mais mettre une personne « aux commandes » signifiait confier les rênes d'un concept simple mais subtil et sophistiqué tentant de se faire une place dans le monde.

Je voulais une organisation n'ayant pas besoin de P.-D.G., tout du moins pas au sens traditionnel du terme.

Le message de Brian et le modèle de *Holacracy* ont bouleversé mon univers – si cela fonctionnait comme prévu, c'était précisément ce que je recherchais. J'ai vite décidé d'y adhérer en testant la méthode dans notre entreprise. J'avais besoin de savoir le plus rapidement possible comment fonctionnait *Holacracy*. Ce modèle semblait très convaincant et j'estimais que deux options s'offraient à moi : le rejeter ou l'adopter. Il n'y avait pas à tergiverser.

J'ai eu l'heureuse intuition que l'exploration de *Holacracy* allait durer cinq ans. Et, même si ce modèle ne collait pas à la trajectoire de notre organisation, il était tellement pertinent que le jeu de l'expérimentation en valait la chandelle – peu importait que notre entreprise fragile serve de théâtre à l'expérimentation.

Ma carrière tournait autour de l'accroissement de la productivité – essentiellement des personnes et par conséquent des organisations. J'avais appris que lorsque des personnes clés mettent en œuvre les principes de base de la méthode *Getting Things Done*, c'est tout leur écosystème qui peut en tirer parti. Mais lorsque j'ai entendu Brian parler d'un système d'exploitation permettant d'obtenir l'équivalent pour les organisations de l'« esprit comme de l'eau » (métaphore que j'utilise pour décrire comment une personne parvient à avoir les idées claires grâce au GTD), j'ai su qu'il s'agissait d'un territoire qui valait le détour.

À l'heure où j'écris ces lignes, *Holacracy* est mise en œuvre depuis plus de trois ans et ma projection à cinq ans sera peut-être exacte. La modification du système d'exploitation d'une organisation a de quoi intimider. Nous nous enorgueillissions d'être une entreprise dans le vent – flexible, ouverte, transparente, etc. Mais dès l'application des principes de *Holacracy*, il est apparu très clairement qu'il faudrait transformer certaines pratiques et habitudes pourtant adoptées avec les meilleures intentions du monde.

Ce qu'il y a de fantastique dans l'histoire, ce sont les changements positifs intervenus depuis la mise en route, qui perdurent. Quand vous avez goûté à la clarté apportée par les formats de réunion et de communication, difficile de rejeter ce système. Quand vous constatez à quel point retombe la pression une fois écartée la nécessité de disposer de « leaders héroïques », faire machine arrière reviendrait à se retrouver sur une pente très savonneuse.

Comme l'indique Brian, *Holacracy* n'est pas la panacée car elle ne résout pas tous les dilemmes et tensions existant au sein d'une organisation, mais, d'après mon expérience, elle offre une base des plus stables pour les identifier, les formuler et les traiter.

Parfois, bon nombre d'entre nous souhaiteraient prouver que *Holacracy* ne fonctionne pas car il est facile de désigner le processus comme source de nos malaises. Mais il est plus difficile de détruire ce modèle que de le mettre en œuvre ! S'il a résolu les tensions apparues, il nous a également mieux fait prendre conscience des principes de sa mise en œuvre et des répercussions associées.

Ce qu'il y a de merveilleux, c'est que le modèle n'est pas au-dessus de tout, puisqu'il est parfaitement autorisé de s'en débarrasser, cette issue étant prévue dans ses principes. Mais vous souhaiterez utiliser *Holacracy* pour que ce changement se fasse le plus élégamment possible !

DAVID ALLEN
Auteur du best-seller *S'organiser pour réussir : la méthode GTD* (Éditions Alisio)
Novembre 2014
Amsterdam, Pays-Bas

PARTIE 1

L'ÉVOLUTION EN ACTION : INTRODUCTION À *HOLACRACY*

1

UNE ORGANISATION QUI ÉVOLUE

> *Si tout le monde fut contraint de penser autrement, en sortant du cadre, c'est peut-être que ce cadre avait besoin d'être modifié.*
>
> MALCOLM GLADWELL, *What the Dog Saw*

La leçon la plus importante sur le plan professionnel, je l'ai apprise le jour où j'ai failli m'écraser en avion. Je préparais mon brevet de pilote et c'était le jour de mon premier vol longue distance en solo. Je devais rejoindre un aéroport loin de chez moi, mais avec à peine une vingtaine d'heures à mon actif, j'étais passablement nerveux. Pendant les centaines de kilomètres à parcourir, j'aurais comme unique compagnie une fois dans les airs tous les instruments de mon biplace.

Juste après le décollage, tout semblait aller bien, mais, très vite, j'ai remarqué qu'un voyant que je ne connaissais pas, *Low Voltage* (« basse tension »), était allumé. Je n'étais pas certain de sa signification – on est un peu avare en notions de mécanique envers les apprentis pilotes. J'ai tapoté le voyant, en espérant que ce soit simplement un petit pépin d'affichage, mais cela n'y changea rien. Ne sachant pas trop comment réagir, j'ai fait ce qui me semblait naturel sur le moment, à savoir vérifier le bon fonctionnement de tous les autres instruments. Ma vitesse relative et mon altitude étaient bonnes. L'aide à la navigation m'indiquait que mon cap était excellent. La jauge de carburant indiquait que le réservoir était plein. Tous ces instruments me disaient qu'il n'y avait pas de quoi s'inquiéter. J'ai donc accepté ce consensus et laissé les autres instruments surclasser le voyant « basse tension ». J'ai ignoré ce dernier. Cela ne pouvait pas être bien grave si rien d'autre ne clochait, non ?

Cela s'avéra une très mauvaise décision. Je me suis retrouvé complètement perdu, en plein orage, sans lumière ni radio, presque à court de carburant et en train de violer l'espace aérien d'un aéroport international. Et cette situation qui a failli tourner à la catastrophe a démarré quand j'ai négligé ce voyant de basse tension qui se révéla être couplé aux informations des autres instruments. Même si cette « voix » était minoritaire, il aurait vraiment fallu que je l'écoute. Écarter son message parce que les autres instruments ne révélaient aucune anomalie fut une décision manquant de perspicacité qui aurait pu me coûter la vie.

Je suis heureusement parvenu à faire atterrir mon appareil, en me faisant secouer mais en en sortant indemne. Dans les mois qui ont suivi, en repensant aux décisions que j'avais prises ce jour-là, je suis parvenu à une conclusion intéressante. Je continuais de répéter la même erreur, pas dans mon avion, mais avec l'équipe que j'étais censé diriger au bureau. En fait, l'erreur qui a failli être fatale dans mon cockpit est commise chaque jour dans la plupart des organisations.

À l'instar d'un avion, une organisation est dotée de capteurs – pas de voyants ni de jauges, mais d'êtres humains qui donnent vie à ses rôles et ressentent pour son compte la réalité existante. Trop souvent, un « capteur » possède des informations essentielles qui sont ignorées et ne sont donc pas exploitées. Une personne remarque un élément important, mais personne d'autre ne le perçoit et il n'existe aucune voie disponible pour transformer cette idée en changement pertinent. C'est ainsi que nous mettons souvent en minorité les voyants « basse tension » de nos organisations.

Nos organisations prennent conscience de ce dont elles ont besoin pour réagir à leur univers grâce aux capacités du facteur humain à ressentir la réalité qui l'entoure. Mais chaque être humain est unique – avec des talents, un parcours, un rôle, un domaine d'expertise, entre autres choses, qui lui sont propres –, et le ressenti varie donc d'un individu à l'autre. Plus les individus sont nombreux, plus les points de vue se multiplient. Et pourtant, dans la plupart des équipes, les opinions vitales qui ne sont pas partagées par le leader ou la majorité sont souvent ignorées ou écartées. Même quand nous essayons de procéder autrement, nous n'avons aucun moyen d'intégrer les points de vue divergents et finissons donc par nous rallier à l'avis du leader ou de la majorité. Nous mettons en minorité la personne qui détient pourtant des informations essentielles pour garder le bon cap ou avancer.

J'ai toujours été fasciné par la *façon dont nous nous organisons* – la façon dont nous, êtres humains, travaillons ensemble dans un but bien précis. Avant de monter mon entreprise, la frustration me gagnait quand je sentais que quelque chose ne fonctionnait pas ou pouvait être amélioré, mais que je ne pouvais rien y faire, à moins de me heurter à la bureaucratie, à la politique et de me coltiner des réunions pénibles et interminables. Je ne souhaitais pas simplement me plaindre, mais apporter mon aide. Je voulais transformer ce *sentiment* en changement significatif, mais faisais face à des obstacles majeurs. J'ai très vite appris que si le patron ne partageait pas ma frustration et que je ne parvenais pas à la convaincre relativement rapidement, je pouvais laisser tomber. Mon ressenti n'allait pas peser. Et si le voyant « basse tension » c'était moi, l'organisation allait au-devant d'ennuis.

L'un de nos dons les plus extraordinaires est notre capacité à *sentir les discordances de l'instant présent et à percevoir les possibilités de changement* – notre perpétuel et insatiable esprit créatif qui nous pousse sans cesse à nous dépasser. Lorsque nous ressentons cette frustration face à un système qui ne fonctionne pas, à une erreur récurrente ou à un processus qui semble lourd et inefficace, nous percevons un décalage entre la réalité et ce qu'elle pourrait être. J'appelle cela une tension, car c'est souvent ainsi qu'est ressentie la situation, mais pas au sens négatif du terme. Nous pouvons qualifier cet état de « problème » qui « doit » être réglé ou d'« occasion » à saisir. Dans tous les cas, nous projetons notre volonté de trouver un sens à l'expérience brute que j'appelle tension – *la perception d'un écart entre la réalité et ce qu'elle pourrait être.*

Cette définition se retrouve dans la racine latine du terme *tendere*, qui signifie « tendre », « étendre ». Comme un élastique tendu entre deux points, les tensions que nous ressentons renferment une formidable énergie, qui peut servir à tirer l'organisation vers chaque possibilité ressentie – mais seulement si nous sommes en mesure de l'exploiter efficacement. Mais pourtant, dans combien d'organisations pouvez-vous réellement affirmer que toute tension, ressentie par toute personne, où qu'elle soit dans l'organisation, peut être transformée de façon rapide et fiable en évolution de l'organisation qui fasse sens ? Comme le cofondateur de HP, David Packard, l'a dit un jour : « Il y a plus d'entreprises qui meurent d'indigestion que de faim ».* Les organisations perçoivent et ingèrent bien plus qu'elles ne traitent et digèrent. Imaginez la valeur qui pourrait être dégagée si nos capteurs avaient la faculté de mettre à jour de manière dynamique les flux de travail, les attentes, voire la structure même de l'organisation, à la lumière des tensions apparaissant lors de l'exécution des tâches, sans nuire aux autres parties du processus. C'est beaucoup demander, mais je l'ai vu de mes propres yeux dans une organisation où le changement allait bien au-delà de l'amélioration des conditions de travail et des processus. Cela peut catalyser une réelle transformation en profondeur en libérant totalement la force d'évolution au bénéfice même de l'organisation.

---

* David Packard, *The HP Way: How Bill and I Built Our Company*, HarperBusiness, New York, 2006, p. 142.

L'évolution n'est pas forcément une notion courante dans le monde de l'entreprise, mais son mécanisme renferme une capacité inégalée à produire des systèmes magnifiquement conçus qui s'épanouissent dans la complexité. Autrement dit, l'évolution est le concepteur le plus intelligent qui existe. Comme l'écrit l'économiste Eric D. Beinhocker : « Nous sommes habitués à considérer la notion d'évolution au sens biologique du terme, mais la théorie de l'évolution moderne la perçoit sur un plan bien plus général. L'évolution est un *algorithme*. C'est une formule universelle pour l'innovation… qui, grâce à son principe de tâtonnements, génère de nouvelles conceptions et résout des problèmes complexes. »* Il explique que les marchés sont extrêmement dynamiques, mais, la « cruelle vérité », c'est que l'immense majorité des entreprises ne le sont pas. Les organisations ont une faculté d'évolution et d'adaptation très limitée. Elles subissent le processus d'évolution imposé par le marché et peuvent alors survivre ou mourir, mais sont rarement des organismes doués d'une bonne faculté d'adaptation, ou du moins, elle se manifeste rarement en profondeur.

Comment rendre une organisation *évolutive* et non simplement *évoluée* ? Comment réorganiser une entreprise pour en faire un organisme évolutif, capable de sentir les choses, de s'adapter, d'apprendre et d'intégrer ? Pour Beinhocker, « pour s'améliorer, la clé est d'"apporter l'évolution dans la structure" et de réunir les conditions pour que les roues de la différenciation, de la sélection et de l'amplification tournent entre les quatre murs de l'entreprise ».** Un moyen efficace d'y parvenir est d'exploiter l'extraordinaire pouvoir sensitif de la conscience humaine disponible au sein de nos organisations. Chaque tension ressentie par les êtres humains est un signal nous indiquant la voie à suivre pour que l'organisation exprime mieux sa raison d'être. Quand ces tensions peuvent être gérées rapidement et avec efficacité, tout du moins si elles sont liées à l'activité de l'organisation, celle-ci

---

* Eric Beinhocker, The Origin of Wealth: The Radical Remaking of Economics and What It Means for Business and Society, Harvard Business Review Press, 2007, p. 12.
** *Ibid*, p. 334.

peut alors profiter d'une capacité accrue à constamment évoluer avec dynamisme.

Si l'idée est séduisante, elle est bien plus facile à formuler qu'à mettre en œuvre. Aujourd'hui, nos organisations ne sont tout simplement pas conçues pour évoluer rapidement grâce aux informations recueillies par de nombreux capteurs. La plupart des organisations modernes sont bâties conformément à un plan conçu au début du XXe siècle et qui n'a pas beaucoup changé depuis. Ce paradigme de l'ère industrielle repose sur un principe que j'ai baptisé « prévoir et contrôler » : il s'agit d'atteindre la stabilité et de connaître le succès grâce à une planification en amont, à un contrôle centralisé et à des mesures pour éviter de dévier du cap. Plutôt que de faire évoluer en permanence le modèle d'une organisation sur la base des tensions réellement ressenties par le personnel, l'approche prévision-contrôle s'attache à concevoir d'emblée le système « parfait » afin d'éviter les tensions (puis de procéder à une réorganisation une fois que les individus installés au sommet de la pyramide s'aperçoivent qu'ils n'y arrivent pas).

Ce modèle a assez bien porté ses fruits dans les environnements statiques relativement simples caractérisant l'époque de son avènement, à savoir l'ère industrielle. C'était carrément un bond en avant par rapport aux précédentes approches, permettant de nouveaux niveaux de coordination, de production et d'avancement. Dans le monde postindustriel actuel, les organisations doivent cependant affronter de nouvelles difficultés : une complexité croissante, une transparence accrue, une plus grande interconnexion, des échéances plus courtes, une instabilité économique et environnementale et un impact positif sur le monde exigé. Cependant, même quand les dirigeants adhèrent à la nécessité d'adopter de nouvelles approches, le principe de prévision et de contrôle respecté par l'organisation moderne n'offre souvent pas l'agilité nécessaire dans un paysage caractérisé par des mutations rapides et une complexité dynamique. Et la structure de l'organisation moderne contribue rarement à déclencher la passion et la créativité du personnel. En bref, les organisations actuelles deviennent rapidement obsolètes.

Alors que les engrenages du changement tournent de plus en plus vite au sein d'une économie mondiale toujours plus chaotique, il devient impératif pour les entreprises d'être capables de s'adapter plus rapidement. Comme l'a dit récemment l'expert en management Gary Hamel au World Business Forum de New York : « Le degré d'agitation du monde devient plus élevé que le degré d'adaptabilité des organisations. Les organisations n'ont pas été conçues pour affronter ces types de bouleversements. »*

Je l'ai découvert à mes dépens quand j'ai commencé à travailler dans des organisations. La plupart des tensions ressenties par les personnes, moi y compris, n'aboutissaient nulle part. Les tensions ne sont tout simplement pas reconnues comme faisant partie des meilleures ressources de l'organisation. Quand je me suis aperçu que mon chef n'était pas capable d'exploiter ma capacité à capter et à réagir, j'ai fait la seule chose logique à faire : je suis devenu chef. Je pouvais dorénavant traiter tout ce que je captais, n'est-ce pas ? Eh bien, il y avait encore un chef au-dessus pour faire éventuellement barrage, puis un autre et encore un autre. Après avoir grimpé les échelons pendant un moment, je me suis rendu compte que le seul moyen d'avoir la liberté de réagir à chaque tension ressentie serait de sortir carrément du système et de créer ma propre entreprise.

C'est donc ce que j'ai fait. Et j'ai adoré… pendant un certain temps. Mais j'ai vite découvert mes limites, même en tant que P.-D.G. de ma propre société d'édition de logiciels. La structure organisationnelle et le système de management proprement dit sont devenus un véritable goulet d'étranglement pour le traitement de tout ce que je captais et le nombre limité d'heures dans

---

* Gary Hamel, discours prononcé lors du World Business Forum de 2009. Cité dans Seth Kahan, « Time for Management 2.0 », *Fast Company,* 6 octobre 2009, http://www.fastcompany.com/blog/seth-kahan/leading-change/hamel-hypercritical-change-points-radical-changes-required-management.

une journée était une contrainte : bien trop de sujets complexes concernant l'organisation atterrissaient sur mon bureau pour que je puisse exploiter dans les meilleures conditions ma propre conscience de P.-D.G.. Et il y avait pire.

Le plus douloureux dans ma prise de conscience, c'est que j'avais précisément bâti le genre de système dont j'essayais de m'extirper depuis très longtemps. Tous ceux qui travaillaient pour moi étaient dans la situation que j'avais vécue. Et mon organisation n'était pas plus capable qu'une autre de capter la réalité. J'essayais d'être le meilleur dirigeant possible – responsabiliser les employés et être sensible à leurs besoins et problèmes, grandir personnellement, être un leader au service des autres plus conscient –, mais, malgré mes efforts, je continuais de foncer vers un obstacle invisible. La structure, les systèmes et la culture sous-jacents d'une entreprise moderne ne permettent pas d'obtenir la vitesse de traitement et de réaction nécessaire pour exploiter pleinement le pouvoir de chaque capteur humain, quelles que soient les mesures prises en tant que leader. J'ai donc commencé à me mettre en quête d'une meilleure méthode.

MISE À NIVEAU DU SYSTÈME D'EXPLOITATION

Je ne suis assurément pas le premier à signaler les limites du modèle organisationnel traditionnel et le besoin d'adopter de nouvelles approches. Sur les vingt dernières années, nombre de livres, d'articles et de discussions ont dévoilé des points de vue sur les organisations qui sortent des sentiers battus. Bien que chacun de ces auteurs et pionniers ait son propre angle d'attaque, on remarque néanmoins des points centraux – une plus grande adaptabilité, des structures plus souples, une orientation vers les parties prenantes, la prise en compte de l'incertitude, de nouvelles méthodes d'implication du personnel, une approche plus systémique de l'entreprise, etc. Chacun de ces points de vue donne un aperçu d'un nouveau paradigme cohésif prenant forme aujourd'hui en termes de pratiques organisationnelles.

Pourtant, malgré la force de ces idées et techniques novatrices, je vois couramment un énorme obstacle à leur mise en œuvre : appliquées à un système organisationnel conventionnel, on assiste à un important choc de paradigmes. Au mieux, les techniques novatrices deviennent un ajout qui agit sur un seul aspect de l'organisation et demeure constamment en conflit avec les systèmes voisins. Par exemple, une excellente technique de réunion novatrice favorise la responsabilisation d'une équipe, mais ses membres subissent toujours les contraintes de la répartition des pouvoirs dans l'entreprise en dehors des réunions. Au pire, les « anticorps de l'entreprise » agissent et rejettent la technique ajoutée, ce corps étranger inadapté au modèle mental régissant la façon de structurer et de faire tourner une entreprise. Dans un cas comme dans l'autre, la nouvelle démarche n'exprime pas tout son potentiel, même prometteur, et le système organisationnel ne voit pas son paradigme évoluer.

C'est le défi majeur à relever pour quiconque mettant en œuvre des idées et techniques à la pointe du progrès au sein de systèmes conventionnels. Comment faire évoluer notre mode d'organisation quand les innovations apportées se heurtent au vieux paradigme encore en vigueur ? Tout ce que j'ai vécu en la matière me ramène à la conclusion suivante : pour vraiment transformer une organisation, nous devons abandonner les changements à la marge et nous atteler à mettre à niveau les aspects fondamentaux du mode de fonctionnement de l'organisation. Prenez par exemple en compte la définition et l'exercice formels du pouvoir et de l'autorité, la structure de l'organisation et la répartition des attributions de chacun (qui peut décider quoi et dans quelles limites). Lorsque nous apportons des modifications à ce niveau, nous mettons effectivement en place un nouveau système d'exploitation et intégrons de nouvelles capacités au cœur même des fonctions de l'organisation. Il ne s'agit alors plus de modifier un système hermétique à la notion même de changement.

Si vous êtes en âge de vous souvenir du temps où les ordinateurs tournaient sous MS-DOS, rappelez-vous du bond en avant effectué en termes de capacités avec l'adoption du système d'exploitation Windows ou le passage du vieil Apple II au Macintosh. Difficile d'imaginer, dans les années 1980, que mon écran noir avec son texte vert monolithique allait bientôt être remplacé par une interface graphique interactive, conviviale, actualisée automatiquement et constamment connectée à un réseau virtuel mondial, avec un accès instantané à la boutique d'informations du monde entier – et que tout ceci serait accessible grâce à un appareil tenant dans ma poche.

Malgré l'atout indéniable d'un bon système d'exploitation, il est facile de l'ignorer et de considérer qu'il va de soi, car il s'agit d'une plateforme souterraine, souvent invisible, bien qu'elle façonne tout ce qui est érigé à partir d'elle. Le système d'exploitation de votre ordinateur définit l'espace dans lequel s'exécutent toutes les tâches, ainsi que les règles de base à respecter. Il détermine la structure générale, le mode d'interaction et de coopération des différents processus, la répartition de la puissance entre les diverses applications, etc.

De même, le système d'exploitation d'une organisation s'ignore facilement, bien qu'il s'agisse des fondations sur lesquelles reposent les processus opérationnels (à savoir les « apps » de l'organisation), sans oublier qu'il façonne également la culture humaine. Peut-être à cause de son caractère invisible, nous n'avons pas vu beaucoup d'alternatives solides ou d'améliorations significatives de notre système d'exploitation moderne descendant, axé sur la prévision et le contrôle et caractérisé par la présence d'un P.-D.G. responsable. Lorsque nous considérons inconsciemment qu'il s'agit de la seule configuration possible, le mieux que nous puissions faire est de contrebalancer certaines de ses principales faiblesses en ajoutant des processus ou en essayant d'améliorer la culture de l'entreprise. Mais, tout comme nombre de nos logiciels actuels ne pourraient bien tourner sous MS-DOS, les nouveaux processus et techniques ou les changements culturels peuvent ne pas porter leurs fruits sur un système d'exploitation reposant sur un vieux paradigme.

Bien que je ne l'aie pas perçu au début, ma quête personnelle de meilleures méthodes pour travailler ensemble m'a conduit à me concentrer sur la « technologie sociale » des modes d'organisation. Après de nombreuses années d'expérimentation dans plusieurs organisations, ma réflexion et celle de bien d'autres personnes ont permis de donner naissance à un tout nouveau système d'exploitation. Nous avons fini par le baptiser *Holacracy* (j'en explique en détail l'origine plus loin dans cet ouvrage). Qu'est-ce que *Holacracy* ? C'est une nouvelle technologie sociale servant à diriger et faire fonctionner une organisation, qui suit un ensemble de règles très différentes de celles en vigueur dans une organisation conventionnelle. *Holacracy* est dotée des éléments suivants :

- une constitution qui définit les « règles du jeu » et redistribue l'autorité ;
- une nouvelle façon de structurer une organisation et de définir les rôles des employés et les sphères d'autorité au sein de celle-ci ;
- un processus de prise de décision afin d'actualiser ces rôles et autorités ;
- un processus de réunion pour synchroniser les équipes et faire avancer le travail.

Au moment où j'écris, *Holacracy* fait fonctionner des centaines d'organisations, de nature et de taille très variées à travers le monde, parmi lesquelles HolacracyOne, l'entreprise au sein de laquelle je travaille aujourd'hui (nous appliquons donc en interne les principes que nous recommandons aux autres).

Dans les chapitres à suivre, je vais dévoiler la manière dont *Holacracy* distribue l'autorité, ce qui aboutit à l'apparition d'une nouvelle structure organisationnelle. Puis, dans la deuxième partie, je passerai en revue les détails du fonctionnement du système d'exploitation – ses structures, processus et systèmes. Ces chapitres ne sont pas un guide pratique pour installer *Holacracy* dans votre entreprise, mais plutôt un atelier offrant la part belle à l'expérience et vous permettant de participer à divers scénarios et simulations de façon à avoir un aperçu de la vie dans une organisation utilisant *Holacracy*. Enfin, dans la troisième partie, je vous donnerai des conseils afin de mettre en œuvre ce que vous avez appris dans le présent ouvrage et de savoir à quoi vous attendre au final.

Je n'aurai de cesse de vous informer des répercussions de l'utilisation de *Holacracy* dans la pratique, en vous racontant des histoires et expériences souvent rapportées par les personnes évoluant au sein d'organisations ayant adopté ce modèle. En écrivant ce livre, j'ai dû relever un défi de taille : *Holacracy* est avant tout une pratique et non une théorie, une idée ou une philosophie. Et il est difficile de comprendre une pratique sans la vivre concrètement. L'application de *Holacracy* s'est faite par tâtonnements, via une adaptation évolutive et une expérimentation continue, tout cela avec la volonté de libérer toute la créativité possible afin que l'organisation puisse exprimer sa raison d'être. Dans la mesure où *Holacracy* n'a pas vu le jour depuis un bureau et sur la base de certains principes ou idées, la traduire en mots et en concepts est d'autant plus ardu. Quand je regarde le résultat final, je constate que, même si on peut en retirer certains principes, ceux-ci sont des outils postérieurs à l'expérimentation menée ayant permis de comprendre le fruit naturel de ladite expérimentation.

J'espère par conséquent que mes lecteurs aborderont ce livre non pas comme un condensé d'idées, de principes ou de philosophies, mais comme le guide d'une nouvelle pratique que vous adopterez peut-être si elle s'avère plus efficace pour vous et votre entreprise que la méthode en vigueur actuellement. C'est là que *Holacracy* prend vie – dans la transformation quotidienne de tensions en changement pertinent pour la raison d'être de l'organisation. À travers ce livre, mon objectif est donc au moins de donner un aperçu de l'*expérience* consistant à pratiquer *Holacracy* et de ce qu'une organisation évolutive est capable d'engendrer.

2

DISTRIBUER L'AUTORITÉ

> *Nous savons qu'une bonne constitution vaut infiniment mieux que le meilleur despote.*
>
> *THOMAS BABINGTON MACAULAY, Milton*

« La recherche montre qu'à chaque fois que la taille d'une ville double, l'innovation ou la productivité par habitant augmente de quinze pour cent. Mais quand les entreprises s'agrandissent, en général, l'innovation ou la productivité par employé diminue. »

Cette donnée fascinante m'a été fournie il y a deux ans par un homme brun aux cheveux ras qui m'a coincé juste après ma présentation lors d'une conférence professionnelle. Dans l'assistance, nombre de personnes avaient la tenue de l'homme ou de la femme d'affaires, mais lui portait jean et T-shirt, même si la force tranquille qu'il dégageait tranchait avec son allure décontractée.

Il poursuivit : « Un sujet m'intéresse : comment créer des organisations ressemblant plus à des villes et moins à des entités bureaucratiques. »

---

* Thomas Babington Macaulay, *Œuvres diverses de Lord Macaulay, biographies, essais historiques, critiques et littéraires. 1.* Série traduite par Amédée Pichot, L. Hachette et C.ie, 1860.

Cet inconnu gentleman m'a ensuite bombardé de questions pendant une dizaine de minutes. « Pensez-vous que *Holacracy* pourrait y parvenir ? » J'ai répondu « oui ». « Quelle est la plus grande entreprise avec laquelle vous ayez collaboré ? Combien d'entreprises utilisent *Holacracy* ? » J'ai fait de mon mieux pour répondre aux questions de cet homme, en gardant un œil sur la pendule, sachant que j'étais en retard pour la séquence suivante. Alors que je pressais le pas dans le hall, je me suis aperçu que je ne lui avais même pas demandé son nom ni pourquoi il était si passionné par le sujet.

Plus tard ce jour-là, quand j'ai pris ma place dans l'assistance pour assister au discours d'ouverture du soir, j'ai constaté avec surprise que l'homme à qui j'avais parlé grimpait sur l'estrade sous des tonnerres d'applaudissements. Cet inconnu était en fait Tony Hsieh, P.-D.G. modeste de l'e-commerçant Zappos, auteur de *L'entreprise du bonheur** et l'un des dirigeants actuels les plus visionnaires et novateurs.

Nous avons repris notre conversation plus tard au cours de la conférence et il m'en a dit plus sur l'objectif qu'il souhaitait atteindre. « Zappos est en train de grandir », m'a-t-il dit. « Nous en sommes à quinze cents employés et nous devons nous développer sans perdre notre esprit d'entreprise ni nous enliser dans la bureaucratie. Je cherche donc un moyen de diriger Zappos comme une ville. »

« Oui ! », ai-je répondu, ravi de tomber sur quelqu'un qui partageait mon intérêt pour ce genre de défi. Nous avons évoqué la différence entre l'organisation bureaucratique d'une entreprise et l'autonomie des habitants d'une ville. Dans un environnement urbain, les gens partagent localement espace et ressources en saisissant bien les limites et responsabilités territoriales. Il existe bien entendu des lois et des instances pour faire appliquer ces lois, mais les gens n'ont pas sur le dos des chefs qui leur donnent

* Tony Hsieh, *L'entreprise du bonheur*, traduit par Michel Édery, Leduc.s, Paris, 2011.

des ordres en permanence. Si les habitants de nos villes devaient attendre l'autorisation du chef pour prendre la moindre décision, la ville risquerait rapidement l'enlisement. Mais, dans nos entreprises, le principe d'organisation est radicalement différent.

COMMENT DISTRIBUER L'AUTORITÉ ?

L'analogie de Hsieh soulève la question essentielle à laquelle j'ai été confronté quand je me suis efforcé de créer un nouveau système d'exploitation plus agile et réceptif pour les organisations : comment faire en sorte qu'une entité s'organise efficacement ?

Autre métaphore très connue et qui figure parmi mes préférées pour exprimer ce que je cherche à obtenir dans une organisation : le corps humain. D'une conception qui tient du miracle, il fonctionne avec efficacité et de façon efficiente, non pas grâce à un système de commandement descendant, mais grâce à un système distribué – réseau d'entités autonomes réparties à travers tout le corps. Chacune de ces entités (cellules, organes et systèmes organiques) est capable de comprendre les messages, de les traiter, puis de générer des données en sortie. Chacun possède une fonction tout en étant suffisamment autonome pour décider comment la gérer.

Pensez au nombre d'informations que votre corps traite sur l'instant. C'est extraordinaire. Le corps pourrait-il fonctionner en centralisant au niveau conscient les informations traitées au sommet ? Imaginez par exemple si, lorsqu'ils repéraient une maladie, vos globules blancs devaient envoyer les informations à votre conscience et attendre que vous autorisiez la production d'anticorps. Autre exemple, imaginez vos glandes surrénales, sentant que vous réagissez à un danger, devant attendre votre ordre avant de produire l'adrénaline nécessaire pour vous donner l'énergie qui s'impose afin de lutter ou de fuir ? Ça ne marcherait vraiment pas. Et c'est pourtant ainsi que nous concevons le fonctionnement de nos organisations.

Les leaders les plus progressistes du monde de l'entreprise actuel ne sont que trop conscients des problèmes générés par le paradigme descendant basé sur la prévision et le contrôle. Ils perçoivent très bien ses limites et répercussions néfastes. Mais que doit faire le leader noble et bien intentionné ? Souvent, il tente de responsabiliser les autres, comme de bons parents cherchant à en faire de même avec leurs enfants. Prédomine aujourd'hui un point de vue selon lequel, pour rendre les organisations meilleures, il faut disposer aux commandes de dirigeants conscients, malins et très réfléchis pour jouer le rôle de « bons parents ».

Le problème de cette approche a été magnifiquement formulé à mes yeux par une pièce de théâtre que je suis allé voir il y a quelques années. Elle a été écrite par l'un de mes auteurs préférés, spécialiste du monde de l'entreprise, Barry Oshry. C'était une pièce réellement brillante sur les organisations, dont une scène m'a particulièrement frappé. Un dirigeant très aimé vient d'être viré et un membre de son équipe, regrettant le départ de son chef, se tourne vers un collègue et demande : « Mais qui va nous responsabiliser, maintenant ? »

J'ai trouvé l'ironie délibérée présente dans cette phrase à la fois poignante et éclairante. C'est bien entendu une position de victime déresponsabilisée que d'avoir besoin de quelqu'un pour vous responsabiliser. Et cela mettait en lumière le fâcheux effet secondaire de la démarche bien intentionnée de ce dirigeant : en responsabilisant héroïquement les autres au sein d'une structure d'entreprise intrinsèquement déresponsabilisante, il faisait paradoxalement endosser aux autres le costume de victimes.

Les meilleurs dirigeants du monde auront beau vouloir responsabiliser autrui et leur permettre de s'exprimer, la répartition officielle des pouvoirs au sein de la plupart des entreprises modernes est celle d'une dictature. Comme l'a dit un jour l'un de nos clients : « Dès le début, le cofondateur et moi-même avons souhaité diriger notre société selon un principe égalitariste, de façon à tous nous impliquer. Mais la structure de notre entreprise et la configuration des procédures faisaient que nous en étions toujours à essayer de la diriger en nous basant sur l'organigramme, les employés devant me rendre compte. Il n'existait aucun processus pour procéder autrement et suffisamment fiable pour que le système fonctionne. »

Le fait de toujours compter sur un P.-D.G. ou un équivalent limite la capacité à exploiter toutes les tensions captées dans l'organisation et crée un point faible nuisant à la faculté de l'organisation de s'autogérer efficacement. Comme le dit l'auteur spécialiste du management Gary Hamel : « Octroyez à une personne une autorité monarchique et vous aurez tôt ou tard une pagaille royale ». Hamel souligne plus loin que, dans la plupart des cas, « les managers les plus puissants sont aussi les plus éloignés de la réalité du terrain. Trop souvent, les décisions prises depuis le sommet de l'Olympe s'avèrent inapplicables sur le terrain. ».*

Un ami m'a raconté une histoire qui illustre ce point de vue. Une usine venait de recruter un P.-D.G.. Désireux de montrer l'exemple, le nouveau dirigeant descendit un jour à l'atelier. Il vit un groupe d'ouvriers affairés à leur machine, tandis qu'un type était adossé à un mur. Il lui demanda : « Vous, combien gagnez-vous ? » ; « Deux ou trois cents balles par semaine », répondit l'homme, interloqué. Le P.-D.G. sortit son portefeuille et lui tendit 600 $. « Voici deux semaines de salaire. Vous êtes viré ! » Alors que l'homme quittait rapidement le bâtiment, le P.-D.G. s'adressa à l'atelier : « Ici, on ne se comporte pas ainsi. On bosse ! » Alors qu'il regagnait son bureau, il s'arrêta demander à l'un des ouvriers stupéfaits ce que faisait cet homme dans l'entreprise. « Bah, c'est le livreur de pizzas », répondit-il.

C'est une anecdote amusante, mais, trop souvent, le pouvoir autocratique n'a rien de marrant quand il touche le pouvoir d'autrui. Cela crée des tensions impossibles à traiter avec efficacité.

---

* Gary Hamel, « First, Let's Fire All the Managers », *Harvard Business Review*, décembre 2011, https://hbr.org/2011/12/first-lets-fire-all-the-managers, lien contrôlé en février 2016.

Que faire pour sortir du modèle de management autocratique et échapper au besoin de responsabilisation au sein d'un système déresponsabilisant ? Comment profiter d'une véritable autonomie, comme dans une ville ou notre propre corps, tout en répondant aux besoins d'alignement et de contrôle de l'organisation ? Certaines entreprises abandonnent courageusement les conventions et tentent carrément de laisser tomber une répartition explicite des pouvoirs ou de s'en tenir au strict minimum. Cela fonctionne à un certain point, mais fait courir un danger insidieux : s'il n'existe aucune répartition explicite des pouvoirs, une répartition implicite risque de voir le jour. Il faut prendre des décisions et fixer des attentes d'une manière ou d'une autre. Et des normes sociales apparaîtront sur le mode d'exercice de ces fonctions. Les organisations qui tentent de renoncer à une répartition explicite des pouvoirs récoltent une répartition implicite, souvent politique et plus ou moins résistante au changement. Cette structure inconsciente peut toujours s'avérer plus efficace dans certains contextes qu'une hiérarchie de management conventionnelle, mais je pense que nous pouvons faire bien mieux.

Certaines petites startups et associations à but non lucratif essaient de baser leur mode de fonctionnement sur le consensus. J'ai expérimenté ce procédé à la naissance de ma société d'édition de logiciels. Je recherchais une approche permettant à chacun de se faire entendre. Il était donc logique que tout le monde ait son mot à dire à l'heure de prendre des décisions. Mais en fait, peu de décisions étaient prises et nous passions notre temps à nous réunir au lieu d'exécuter des tâches. J'ai découvert qu'il existait une grande différence entre avoir une voix et être capable de *faire quelque chose* de cette voix, à savoir concrétiser votre impression en changement significatif. Le consensus ne le permettait pas. Il en résultait des réunions pénibles et interminables au cours desquelles nous essayions de forcer les autres à avoir la même vision des choses. Ce n'est ni utile ni salutaire et cela empire à mesure que se développe l'organisation.

Par conséquent, le consensus ne tient pas lorsqu'on passe à l'échelle. Il faut tellement de temps et d'énergie pour obtenir une décision que l'on contourne très souvent le système. Les organisations fonctionnant au consensus sont confrontées aux mêmes problèmes que celles sans structure explicite. Même lorsque l'on obtient ce consensus, le résultat est souvent une décision collégiale éloignée de ce qui était escompté et qui devient très difficile à modifier, les novateurs potentiels se retrouvant à piloter des structures rigides loin d'être idéales. Bien que les approches axées sur le consensus répondent souvent au désir sincère de donner voix au chapitre à un plus grand nombre d'employés, elles parviennent rarement à exploiter l'autonomie et l'agilité de toute l'entreprise.

Si une organisation souhaite être dynamique et réactive, le rejet total de l'autocratie ne fonctionne pas. Il faut en fait donner aux employés le pouvoir de répondre « localement » aux problèmes, dans leurs fonctions ou domaine, sans que tous les autres adhèrent ou attendent l'autorisation d'un leader responsabilisant. Pour dépasser les limites de la responsabilisation et contrer la tyrannie du consensus, nous avons besoin d'un *système* qui responsabilise tout le monde.

Cela nous ramène à la métaphore de la ville de Hsieh et à la société civile moderne dans son ensemble. En tant que citoyen, vous n'avez pas besoin d'un dictateur bénévole qui vous « habilite » à agir en toute autonomie. C'est plutôt le cadre sociétal dans lequel vous évoluez qui est conçu pour éviter que les autres ne prennent le pouvoir sur vous. C'est le changement au cœur de *Holacracy* : quand la structure de pouvoir et les processus d'une organisation créent un environnement dans lequel tout le monde a du pouvoir et peut l'utiliser, nous ne dépendons plus d'un leader qui responsabilise les autres. Nous disposons alors de quelque chose de bien plus influent, à savoir un espace permettant à nous tous de nous responsabiliser et un système protégeant cet espace quels que soient les comportements et la position des individus.

LE POUVOIR AU PROCESSUS

Avec *Holacracy*, la distribution de l'autorité ne consiste pas à prendre le pouvoir des mains d'un leader pour le confier à quelqu'un d'autre, voire à un groupe. Le siège du pouvoir passe de la personne trônant au sommet à un *processus*, détaillé dans une constitution écrite. La constitution de *Holacracy* est un document générique applicable à une organisation souhaitant utiliser cette méthode. Une fois officiellement adoptée, cette constitution devient le règlement de l'organisation. Ses règles et processus règnent en maître et prévalent même sur la personne qui les a adoptés. À l'instar d'un congrès né d'une constitution et qui crée des lois que même le président ne saurait ignorer, la constitution de *Holacracy* stipule que c'est un processus législatif qui détient l'autorité et non un dirigeant absolu.

Vous trouverez la constitution de *Holacracy* sur holacracy.org/constitution,* mais vous n'avez pas besoin de la lire pour découvrir cette méthode. La lecture d'un règlement est rarement le meilleur moyen d'apprendre un jeu complexe. Il vaut généralement mieux apprendre les directives élémentaires puis commencer à jouer et se reporter au règlement en cas de besoin. Il est quand même essentiel de savoir qu'il *existe* un règlement et d'accepter de s'y conformer. Quand une personne s'amuse à modifier les règles en cours de route, cela dénature le jeu. Quand je collabore à la mise en œuvre de *Holacracy* dans une organisation, la toute première mesure pour le P.-D.G. est d'adopter officiellement la constitution et de céder son pouvoir au système réglementaire. En confiant héroïquement son autorité au système, le dirigeant ouvre la voie d'une véritable distribution du pouvoir à tous les niveaux de l'organisation.

Ce passage du leadership incarné au pouvoir issu de la constitution est essentiel dans le nouveau paradigme de *Holacracy*. Même avec les meilleures intentions du monde et d'excellents

* La version française est visible sur le site igipartners.com.

dirigeants, une autorité descendante débouche presque toujours sur une dynamique parent-enfant entre le patron et l'employé. Les archétypes classiques sont presque inévitables. Résultat, les employés se sentent déresponsabilisés et brimés et les managers sont submergés car ils ont le sentiment de devoir endosser toute la responsabilité et gérer les tensions de tout le monde. *Holacracy* dit aux managers : « Il ne vous incombe plus de résoudre les problèmes de tout le monde et d'être responsables de tout » ; et aux employés : « Vous avez la responsabilité *et l'autorité* de gérer vos propres tensions ». Ce changement très simple permet à toutes les personnes concernées de sortir de la dynamique parent-enfant si profondément ancrée dans notre culture d'entreprise. Il en ressort une relation fonctionnelle entre des adultes autonomes qui savent se gérer, chacun d'eux ayant le pouvoir de « diriger » son rôle au service de la raison d'être de l'organisation.

Lorsque ce changement est mis en œuvre dans les entreprises au sein desquelles j'interviens, c'est une révélation et un défi pour toutes les personnes concernées. Les salariés se rendent compte que ce ne sont plus de simples employés devant obéir à des ordres. Ils ont vraiment du pouvoir et de l'autorité, lesquels s'accompagnent de responsabilités. Ils n'ont plus de supérieurs hiérarchiques à la dimension parentale pour résoudre leurs problèmes. Les managers, de leur côté, se sentent souvent libérés du fardeau qu'est le management, mais doivent trouver une nouvelle expression de leur valeur et de leur contribution et changer leurs habitudes dans l'utilisation et le maintien de leur autorité. L'un des aspects les plus intéressants de mon travail est de rappeler ceci aux P.-D.G. venant d'adopter *Holacracy* : « Vous n'avez plus l'autorité nécessaire pour prendre cette décision ». De l'autre côté, je dois également rappeler aux autres : « Vous avez la responsabilité et l'autorité nécessaires pour prendre cette décision. À vous de jouer et ce n'est pas à votre patron de vous dire quoi faire ou de bénir votre décision. »

Il est intéressant de noter que la plupart des P.-D.G. avec qui j'ai travaillé ressentent alors un immense soulagement. Cela vous surprend peut-être. Bernard Marie Chiquet, coach en *Holacracy* basé à Paris et lui-même ancien P.-D.G., dit que les gens pensent souvent qu'il doit être difficile de convaincre les P.-D.G. d'abandonner leur pouvoir. Mais cela n'a pas été son expérience. Il a découvert que de nombreux P.-D.G. chevronnés aiment l'idée de transférer leur pouvoir personnel vers un processus organisationnel, s'ils trouvent un moyen de procéder en toute sécurité et répondant aux besoins de l'organisation. J'ai fait le même constat. Au cours d'un repas, Evan Williams, cofondateur de Twitter et, plus récemment, de Medium, m'a décrit l'effroi dont il fut pris quand, après avoir quitté Twitter, il envisagea de créer une autre entreprise en assumant un rôle traditionnel de P.-D.G.. Cette fonction s'accompagnait de toutes sortes de fardeaux et allait l'éloigner de toutes les tâches de création qu'il adorait. C'est en partie pour que ces fardeaux ne reposent pas sur ses seules épaules qu'il a adopté *Holacracy* chez Medium. Loin d'avoir besoin d'être « convaincu », il a été attiré par *Holacracy* précisément pour la distribution de l'autorité induite par cette méthode.

C'est également ce qui a intrigué Hsieh, de Zappos, dans *Holacracy* : la promesse d'un moyen pratique et sans risques de répartir un véritable pouvoir et donc la voie de l'autonomie grâce à une gouvernance définie par une constitution. Après notre rencontre initiale, Hsieh m'a invité à rencontrer son équipe et a décidé de tester *Holacracy* au sein d'un petit département de son organisation. Vu le succès de cette phase de test, il a instauré *Holacracy* dans toute l'entreprise en 2013. J'étais aux anges, mais également un peu inquiet. Ce serait de loin notre plus gros projet. Quel effet allait avoir *Holacracy* sur une entreprise de quinze cents employés ? Cela allait-il donner naissance à un environnement autonome axé sur la collaboration de type urbain que Hsieh recherchait ? Je savais que *Holacracy* avait le potentiel d'offrir cet environnement dans des organisations de taille modeste. J'étais donc impatient de voir ce modèle appliqué à plus grande échelle.

Comme nombre de petites entreprises avant elle, l'équipe de Zappos a pu constater que *Holacracy* peut véritablement responsabiliser tout le monde. « Le pouvoir que détenaient auparavant les dirigeants est désormais aux mains de chaque employé », a dit Alexis Gonzales-Black, qui a travaillé aux côtés de l'équipe chargée du déploiement. « Tout le monde est désormais responsable d'exploiter son expérience à son poste afin de faire avancer l'entreprise. » La transition n'a pas été facile : « Apprendre aux managers à prendre du recul et aux employés à aller de l'avant est vraiment difficile », fait remarquer Gonzales-Black. « Une fois *Holacracy* intégrée, chaque personne peut prendre l'initiative de régler sa propre tension, de la processer ouvertement en toute liberté. Mais ce n'est pas une habileté naturelle pour tout le monde. Plus vous pratiquez *Holacracy*, plus vous devenez doué en la matière ; à vous de façonner et de faire travailler ce muscle. » Lorsque les gens se sont habitués à leur nouvelle autorité, elle a remarqué un esprit de startup incitant tout le monde à se poser la question suivante : « Si cette entreprise m'appartenait, qu'est-ce que je ferais ? »*

Grâce à cette répartition du pouvoir, *Holacracy* permet aux employés d'être à la fois plus autonomes et plus axés sur la collaboration. Dans une organisation où *Holacracy* est en vigueur, il n'y a plus de manager – ce qui, comme l'un de mes clients l'a dit récemment, « tient du chaos démocratique, mais c'est à vrai dire plutôt autocratique ». Avec une autorité claire et distribuée, personne n'a besoin d'aborder un problème sur la pointe des pieds afin de rallier les autres ou de pousser ces derniers à voir les choses de la même façon. Les gens sont libres d'agir en toute confiance, sachant qu'un processus législatif leur a légitimement octroyé l'autorité. Et, dans le même temps, quelqu'un de réellement autonome peut demander de l'aide, une contribution et un dialogue, tandis que les autres sont libres de donner leur opinion sans risquer de tomber dans l'impasse du consensus ou de s'exposer à la décision couperet d'un dirigeant surchargé à

* Les remarques d'Alexis Gonzales-Black sont tirées de l'article du blog Zappos Insights « What Does Leadership in Self- Organization Look Like? », 8 octobre 2014, http://www.zapposinsights.com/blog/item/what-does-leadership-in-selforganization-look-like ; lien contrôlé en février 2016 ; et Alexis Gonzales- Black, « Holacracy at Zappos—The First Year of Adoption », interview en ligne d'Anna McGrath, 29 octobre 2014.

des années-lumière du problème à résoudre. Dès que le détenteur de l'autorité possède suffisamment d'éléments pour prendre une décision en toute confiance, il peut sans difficulté mettre fin au dialogue, remercier ceux qui se sont investis et prendre cette décision. Tout ceci offre une plus grande flexibilité, réactivité et adaptabilité.

Cela libère également, avec force et d'une manière surprenante, l'esprit créatif des anciens managers. Pour revenir à notre analogie précédente, si le corps humain ne renfermait pas un système d'autorité distribuée, différents systèmes, organes et cellules disposant d'une réelle autonomie, autorité et responsabilité, la conscience aurait un énorme problème de management. Mais puisque nous n'avons pas besoin de l'énergie consciente pour faire fonctionner notre organisme, celle-ci a tout loisir de se consacrer à tous les projets créatifs définissant la culture humaine. Je pense que cela vaut aussi pour les organisations. Lorsque toutes les parties de l'organisation possèdent et gèrent une véritable responsabilité en réagissant avec efficacité et en toute autonomie, les anciens « patrons » sont libres de se concentrer à un niveau radicalement différent – à savoir de se consacrer à un sujet bien plus créatif : comment montrer au monde la raison d'être de l'organisation.

LA GOUVERNANCE

Le processus permettant d'octroyer le pouvoir ou l'autorité au sein d'une organisation a un nom : la « gouvernance ». Dans la plupart des organisations où *Holacracy* est absente, il existe parfois une gouvernance explicite menée au sommet ou citée dans des textes, mais on ne se préoccupe pas trop de définir clairement l'autorité et les responsabilités. Et quand on y prête *réellement* attention, c'est souvent à travers une réorganisation massive créant autant de problèmes qu'elle n'en résout et qui reste loin des vrais besoins pour faire le travail. Avec *Holacracy*, la gouvernance est délibérée, constante et répartie dans toute l'organisation. Ce n'est plus l'apanage d'un seul dirigeant, mais un processus continu intervenant au niveau de chaque équipe lors de « réunions de gouvernance » spécifiques.

Holacracy permet de placer certaines fonctions de structuration organisationnelle traditionnellement du ressort de la direction dans des *processus* exécutés à travers toute l'organisation et avec la participation de tous les employés. Ce processus de gouvernance distribue l'autorité, clarifie les attentes dans toute l'organisation et il est appliqué par ceux qui font le travail et ressentent concrètement des tensions. En matière de gouvernance, les tensions servent à éclaircir des questions telles que « qui prend quelles décisions et dans quelles limites ? », mais également les attentes des autres dans l'utilisation de cette autorité. La gouvernance est source d'une clarté organisationnelle qui n'a de cesse d'évoluer à mesure que sont intégrés les enseignements tirés par l'équipe, tout en s'adaptant à une réalité mouvante.

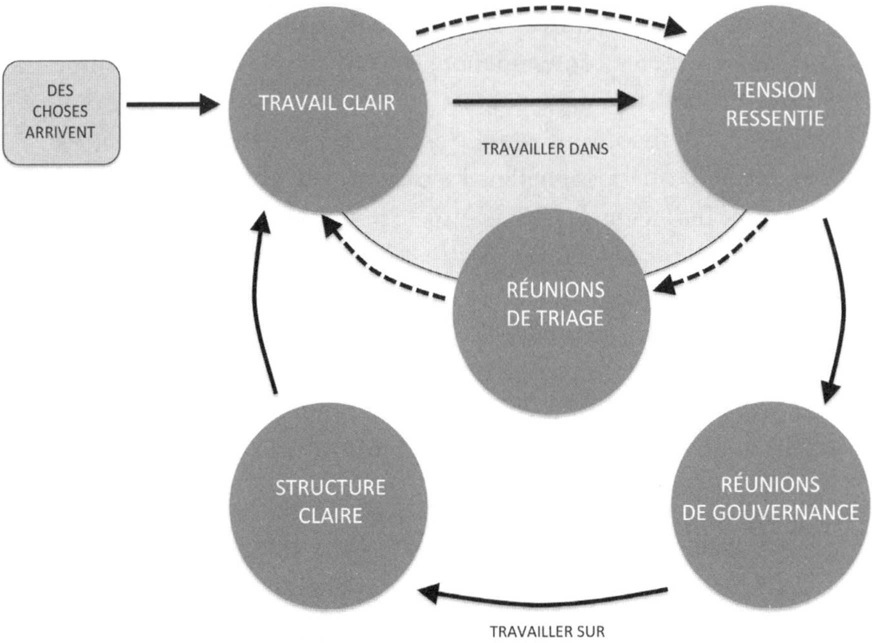

Pour comprendre la gouvernance, le plus simple est de la comparer à l'autre sphère de la vie de l'organisation, à laquelle nous sommes généralement plus habitués : les « opérations ». Les opérations sont le travail effectué – identifier les résultats attendus, prendre des décisions précises, attribuer des ressources, mener des actions et coordonner ces actions avec les autres. La gouvernance concerne pour sa part la *façon* de travailler – mode de fonctionnement, à distinguer des décisions prises au sein de ce mode. C'est une méta-approche de l'entreprise. La gouvernance est axée sur la structure du travail accompli par l'organisation, ainsi que sur les autorités et attentes qui l'accompagnent. La gouvernance et les opérations peuvent être alimentées par une stratégie pertinente, à savoir un thème ou une règle à appliquer par l'équipe au cours de son périple pour exprimer la raison d'être de l'organisation.

Pour illustrer la différence entre ces deux sphères d'activité, je vais prendre un exemple au sein de mon entreprise. Nous proposons, entre autres services, des formations au système *Holacracy* et, bien entendu, nous devons choisir un hôtel comme lieu d'accueil des participants. Chaque option présente des avantages et des inconvénients. Le choix est un exemple de question et décision opérationnelles. La question de gouvernance serait néanmoins : « Quel rôle a l'autorité pour prendre cette décision, sous quelles contraintes, et que pouvons-nous attendre de ce rôle en tant que détenteur de cette autorité ? » La personne qui occupe ce rôle, quelle qu'elle soit, se servira de cette autorité, octroyée par la gouvernance, pour prendre la décision opérationnelle consistant à choisir l'hôtel pour telle formation. La personne peut également suivre une stratégie plus large, règle générale pour l'aider à prendre cette décision – thème que nous aborderons plus loin.

Presque toutes les personnes évoluant dans une organisation ont déjà été impliquées dans les opérations, pris des décisions et sans doute appliqué une sorte de stratégie pour orienter leurs décisions. Il n'en demeure pas moins que contribuer à la gouvernance est un changement majeur pour la plupart des individus, car la plupart des organisations n'ont pas de processus de gouvernance explicite, ni la clarté qu'un tel processus procure. La gouvernance existante est souvent hors de propos et ignorée (prenez par exemple la « fiche de poste ») et il n'existe pas de processus bien identifié pour mettre à jour de façon dynamique cette gouvernance. Et pourtant, disposer d'une gouvernance très claire et toujours d'actualité est un atout précieux. Cela permet de répondre aux questions suivantes :

- Quelles sont les activités dans la durée à surveiller et qui en sera chargé ?
- Que puis-je raisonnablement attendre des autres et vice versa ?
- Qui prendra quelles décisions et dans quelles limites ?
- Quelles décisions puis-je prendre et quelles actions puis-je lancer sans organiser de réunions préalables ?
- Quelles politiques ou contraintes allons-nous respecter dans le travail mené ensemble ?
- Comment modifier les réponses à ces questions à mesure que nous apprenons à mieux travailler ensemble ?

Ce genre de questions surgit quand un groupe de personnes se forme pour exécuter une tâche ou mener à bien une mission précise. Même si nous ne débattons pas de ces questions, nous émettons des hypothèses quant aux réponses. Prenez un groupe d'enfants qui joue : la gouvernance implicite fixe les règles, les rôles et les paramètres. Dans nombre de situations, la gouvernance implicite fonctionne à merveille, jusqu'à ce que, pour une raison ou pour une autre, elle cesse de donner satisfaction. Des suppositions implicites s'opposent ou quelqu'un souhaite faire évoluer la norme en vigueur depuis toujours afin d'intégrer un nouvel enseignement. Lorsqu'il faut ajuster ou aménager des normes et hypothèses implicites, un processus de gouvernance explicite peut être transformateur.

Mais, de nos jours, la plupart des organisations ne possèdent pas ce genre de processus explicite, sauf au niveau du conseil d'administration ou du comité de direction. La plupart des textes stipulent que le pouvoir de diriger l'organisation est confié à un leader situé au sommet (P.-D.G., directeur général, etc.). Ce P.-D.G. peut alors définir les autorités et attentes pour l'ensemble de l'entreprise ou déléguer une partie de ce pouvoir. Mais cela intervient rarement avec une clarté ou rapidité suffisante pour suivre le rythme des enseignements à tirer à mesure qu'évolue l'entité. Dans un monde qui change chaque jour de plus en plus vite, la gouvernance doit faire partie intégrante du mode de fonctionnement de l'organisation. Et les questions de gouvernance sont tout aussi pertinentes dans les ateliers que dans la salle du conseil d'administration. En outre, les personnes qui travaillent en production sont souvent les mieux placées pour apporter en permanence des améliorations à leurs processus et surveiller les résultats au jour le jour. Pour revenir à notre exemple précédent, le chef d'atelier ne risque pas de virer le livreur de pizzas. Mais sans processus de gouvernance explicite pour chaque équipe, les possibilités d'améliorer les schémas organisationnels demeurent très largement centralisées, à savoir aux mains du dirigeant qui détient le pouvoir de régir de manière autocratique la structure de l'organisation. Et il se trouve au sommet.

Lorsque nous distribuons efficacement le pouvoir aux personnes en première ligne, nous améliorons grandement la capacité d'une organisation à exploiter les contributions et à apprendre des choses. Nous résolvons ainsi un problème auquel sont confrontés nombre de dirigeants lorsque leur entreprise se développe. Evan Williams dit à ce propos : « Par le passé, j'ai recruté des personnes fantastiques, mais j'ai ensuite eu le sentiment que leur contribution s'amenuisait à mesure que l'entreprise grandissait. C'était en partie parce que leurs idées, inquiétudes ou opinions étaient certes pertinentes en dehors de leur domaine de prédilection, mais les mesures à prendre pour les appliquer n'étaient pas claires. »* Trop souvent, cette incapacité des salariés à s'investir les rend vulnérables et les déconnecte, sans issue salutaire ou utile pour remédier au statu quo. Williams a décrit comment

* Allocution d'Evan Williams lors de la conférence « Wisdom 2.0 » de 2013.

Holacracy « vous permet de vraiment tirer parti des points de vue et idées de chacun. Et, même si vous ne les acceptez pas tous, cela a la vertu de diminuer l'anxiété des employés parce qu'il existe une procédure pour les traiter et qu'il règne une certaine transparence. »

Si les personnes situées au bas de l'échelle dans les organisations conventionnelles peuvent trouver que *Holacracy* élimine la frustration de ne pas se sentir entendus, celles qui gravitent au sommet, souvent tout aussi frustrées, peuvent éprouver elles aussi un formidable soulagement. Les dirigeants doivent faire face à une complexité extrême et sont surchargés. Ils doivent régler plus de difficultés et traiter plus d'informations qu'ils n'en peuvent traiter avec efficacité. David Allen, le créateur du système *Getting Things Done*, est l'un des plus éminents experts mondiaux en termes d'organisation personnelle et de productivité, mais même lui avoue que les attentes placées en lui en tant que P.-D.G. conventionnel étaient ingérables. Il m'a dit ceci : « En tant que personne installée au sommet, j'avais tout juste la bande passante pour prendre une petite partie des décisions qui remontaient jusqu'à moi. Soit je n'étais pas disponible pour les prendre, soit je n'étais pas en mesure de le faire de manière responsable. »* En répartissant dans toutes les sphères de l'entreprise la mission consistant à faire évoluer l'organisation, *Holacracy* diminue la surcharge au sommet et le désengagement ailleurs, tout en inculquant de nouvelles facultés d'apprentissage et d'adaptation au sein de toute la structure. David a ensuite qualifié de « grand soulagement » les résultats de l'adoption de *Holacracy* au sein de son entreprise. « Ce changement de paradigme m'a ôté un lourd fardeau psychologique et même physique. »

Michael Gerber, auteur du grand classique et manuel entrepreneurial *The E-Myth*, souligne que l'une des plus grandes erreurs souvent commises par les entrepreneurs est de travailler *dans*

* David Allen, GTD Times Podcast, « What If We All Had Accountability? », septembre 2011.

leur entreprise et non pas *sur* leur entreprise.* Travailler *sur* l'entreprise est l'essence même de la gouvernance et la constitution de *Holacracy* rend le processus explicite à chaque niveau de l'organisation et pour toutes les personnes impliquées. Le résultat de ce processus de gouvernance permet alors aux employés de travailler *dans* l'entreprise – de prendre en charge des opérations –, plus rapidement et avec plus d'autonomie. Il est bien plus facile et moins risqué de mener votre mission à bien rapidement et en toute autonomie quand vous savez quelle autorité vous avez, ce que l'on attend de vous et les limites à respecter, et lorsque vous avez un processus pour mettre à jour ces connaissances en cas d'apprentissage ou de changement d'environnement.

DÉCOUVRIR LA RAISON D'ÊTRE

J'ai mentionné à plusieurs reprises la notion de « raison d'être » d'une organisation. Bien qu'elle soit courante dans un ouvrage moderne traitant de l'entreprise, cette notion mérite que je m'y attarde un moment pour l'expliquer plus en détail. Parfois, lorsque j'interviens auprès de fondateurs, associés ou membres d'un conseil d'administration, surtout dans les organisations très axées sur le facteur humain, je demande à chacun de parler de ses espoirs, rêves, ambitions et désirs pour l'organisation. C'est toujours un moment très fort et sincère, rempli d'inspiration et d'authenticité, dans la mesure où les personnes révèlent ce qu'elles attendent le plus de l'organisation tant sur le plan des actions que de l'image présentée au monde. Je dis ensuite : « Je vais vous dire quel est l'obstacle majeur à la révélation de la raison d'être de cette organisation. C'est précisément ce que vous venez de dire – vos espoirs, désirs, etc. »

Généralement, ma déclaration décontenance les gens. Mais une fois qu'ils ont saisi là où je voulais en venir, c'est une véritable révélation pour eux. Il n'y a bien sûr aucun mal à avoir des espoirs,

* Michael Gerber, *The E- Myth Revisited,* HarperCollins, 2004, p. 97-115.

rêves, ambitions et désirs, bien qu'ils les projettent souvent sur l'organisation, ce qui masque la raison d'être de celle-ci. Pour reprendre la métaphore utilisée plus haut dans ce chapitre, ils risquent de traiter l'organisation comme se comporte un parent dominateur avec un enfant. La plupart des parents avec lesquels je travaille comprennent que projeter leurs propres espoirs et rêves sur leurs enfants empêche ceux-ci de trouver leur voie. Socialement, nous sommes arrivés à accepter le fait que les enfants ne sont pas des êtres façonnables selon les désirs des parents, mais des êtres indépendants ayant des habiletés, talents et passions qui leur sont propres. Lorsque nous essayons de leur imposer notre vision de la vie, nous nous opposons à cette réalité – souvent au détriment des deux parties et surtout au détriment de la relation. Cela vaut également pour nos organisations et leurs relations avec les fondateurs, dirigeants et autres gérants.

Chaque organisation a un potentiel ou une capacité créative qu'elle est la plus à même d'exprimer dans le monde, compte tenu de tous ses atouts : histoire, personnel, ressources, fondateurs, marque, capital, relations, etc. C'est ce que j'entends par l'expression « raison d'être ». Ce n'est pas forcément la raison d'être souhaitée pour l'organisation par nous, fondateurs ou dirigeants, bien qu'elle soit généralement instillée par les fondateurs. Dans les premières années d'une entreprise, ses atouts peuvent aller légèrement au-delà des passions des fondateurs et celles-ci façonnent cette raison d'être, tout du moins pendant un moment. Quand les parents cessent de transposer leurs propres rêves sur leurs enfants, ils créent l'espace nécessaire pour que s'exprime cette pulsion créatrice en attente chez leur progéniture. De même, quand nous abandonnons l'idée selon laquelle « je veux que mon entreprise fasse ceci », nous libérons la pulsion créatrice de l'organisation, à savoir le potentiel ou la capacité créative la plus profonde qu'elle est à même de manifester en fonction de ses atouts. Autrement dit, quelle place l'organisation souhaite-t-elle occuper dans le monde et quel est le besoin du monde vis-à-vis de l'organisation ?

Cela ne signifie pas que toutes les organisations ont une raison d'être séduisante, créative et visionnaire. Mais certaines raisons d'être banales n'en sont pas moins authentiques. La raison d'être d'une entreprise de traitement des déchets peut être simplement de « rendre les villes plus propres ». Ce n'est peut-être pas très prestigieux, mais c'est la dimension « pourquoi » de l'activité de l'entreprise, qui révèle le potentiel que cette entreprise est à même de manifester dans le monde. Chez HolacracyOne, nous avons capté notre meilleure compréhension de la raison d'être de notre organisation en deux mots : *Exquisite Organisation* (« organisation exquise » en français).

Ce fut un véritable processus de découverte : nous n'avons pas décidé mais découvert cette raison d'être. Je dis « découvert » et non « décidé » car la mise au jour d'une raison d'être tient plus de l'investigation que de la création. Ce que vous recherchez est déjà présent et attend d'être découvert. Ce n'est pas plus une décision que ne l'est celle de la raison d'être de votre enfant. Posez-vous simplement la question suivante : « Vu le contexte actuel, les ressources, talents et capacités à notre disposition, les produits ou services que nous proposons, l'histoire de l'entreprise et son créneau sur le marché, etc., quel est le potentiel le plus profond qu'elle peut aider à créer ou manifester dans le monde ? Pourquoi le monde a-t-il besoin d'elle ? »

S'il ne vous vient pas à l'esprit une expression succincte pour capter la raison d'être de votre organisation, ne vous inquiétez pas. Comme tout en *Holacracy*, la révélation de la raison d'être est un processus permanent et dynamique et sa mise en application est bien plus importante qu'une formulation élégante. La raison d'être ne s'encadre pas au mur pour susciter l'inspiration. C'est un outil qui s'utilise quotidiennement au fil de l'activité. Lorsque vous adoptez un modèle d'autorité distribuée, la raison d'être devient le socle de la prise de décision à tous les niveaux et pour chaque sphère d'activité. La gouvernance sert à structurer l'organisation et ses rôles afin d'exprimer du mieux possible cette raison d'être et les opérations se servent de cette structure pour manifester cette raison d'être dans le monde. Le principe majeur de *Holacracy* est de permettre à une organisation d'exprimer au mieux sa raison d'être. À cet égard et à plus d'un titre, *Holacracy* n'est pas un processus de gouvernance « des personnes, par les personnes et pour les personnes », c'est une gouvernance *de* l'organisation, *via* les personnes, *au service de* sa raison d'être.

3

LA STRUCTURE DE L'ORGANISATION

> *« Tout est vague à un degré que vous ne réalisez pas jusqu'à ce que vous ayez essayé de le rendre précis. »*
>
> *BERTRAND RUSSELL, Écrits de logique philosophique**

Si nous souhaitons distribuer l'autorité et ancrer nos capacités évolutives dans notre façon d'opérer, il faut un moyen de structurer nos organisations qui soit favorable à ce processus. Le management pyramidal traditionnel est une option, mais cette structure est souvent loin d'être idéale pour mettre en place l'autorité distribuée et une conception évolutive. *Holacracy* offre un autre moyen de structurer une organisation. Mais avant de redessiner l'organigramme, prenons le temps d'expliquer la notion de « structure » dans une organisation.

La distinction simple faite par le théoricien des organisations Elliott Jaques est particulièrement utile et édifiante. Il a identifié trois types de structure qui peuvent s'avérer utiles dans n'importe quelle organisation. Il existe tout d'abord la « structure formelle », à savoir l'organigramme et les fiches de poste. Je suis

* Bertrand Russell, *Écrits de logique philosophique*, traduit par Jean-Michel Roy, Presses universitaires de France, Paris, 1989, p. 339.

certain que vous savez à quoi ça ressemble, mais les utilisez-vous souvent ? Combien de fois, au cours d'une journée classique, vous penchez-vous sur les fiches de poste pour avoir une idée claire de ce sur quoi vous devez vous concentrer et ce que vous pouvez attendre des autres ? Quand je pose la question, la plupart des gens ont tendance à éclater de rire. Bon nombre avouent ne pas savoir où se trouvent les fiches de poste de leur organisation. Dans la plupart des entités, la structure formelle est à des années-lumière des événements et besoins quotidiens et les fiches de poste ne sont donc guère que des artefacts bureaucratiques officiels. Elles sont souvent dépassées et non pertinentes à peine sorties de l'imprimante.

STRUCTURE DE L'ENTREPRISE
TELLE QUE NOUS PENSONS QU'ELLE EST

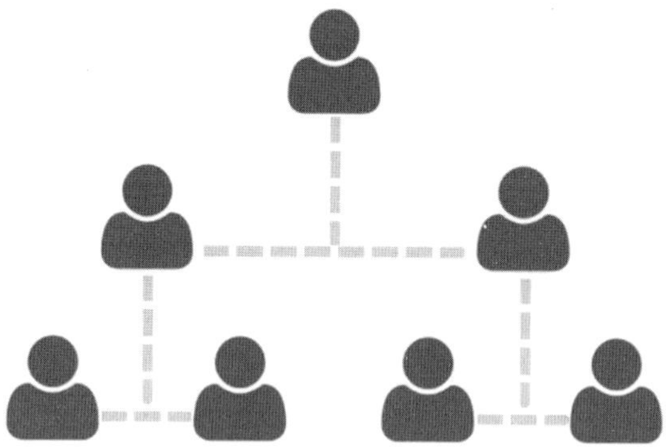

Quand la structure formelle de l'organisation offre peu d'indications pratiques, nous, êtres humains doués de créativité, la contournons pour faire notre travail. Cela donne naissance à ce que Jaques appelle la « structure existante », à savoir celle qui opère concrètement. C'est souvent une réalité implicite : qui prend quelles décisions ou qui est en charge de quels projets. La structure existante d'une organisation est souvent façonnée par les relations personnelles et les politiques. En travaillant de cette manière, des normes culturelles voient le jour et nous commençons à nous aligner dessus, créant ainsi une structure implicite qui devient « la façon d'opérer » inconsciente. Jaques a défini une troisième structure potentielle, la « structure requise », la plus naturelle et la mieux adaptée à l'activité et à la raison d'être de l'organisation. C'est la structure qui « aspire à être ».

STRUCTURE DE L'ENTREPRISE
TELLE QU'ELLE EST EN RÉALITÉ

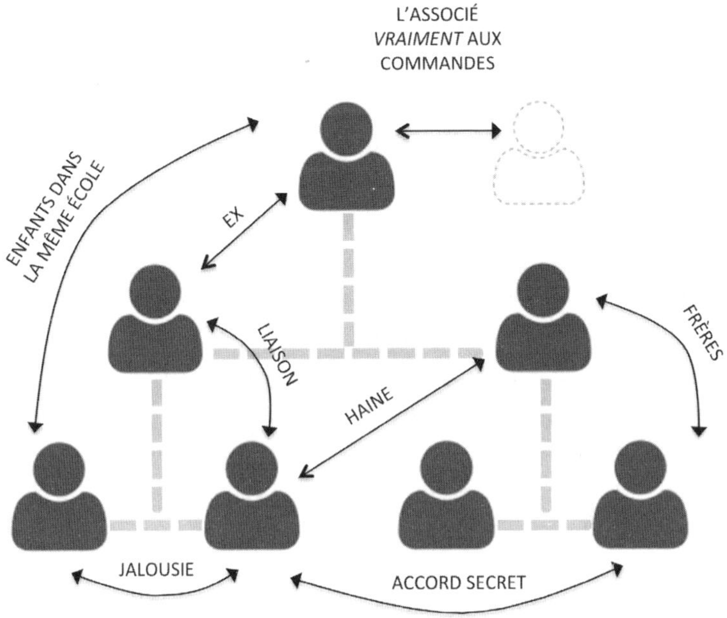

Plus haut, en évoquant la notion de ressentir et de processer les tensions, nous avons défini une tension comme l'écart entre la réalité et ce qu'elle pourrait être – un potentiel considéré comme plus adapté. Pour utiliser les mots d'Elliott Jaques, nous pourrions dire que nous ressentons un écart entre la structure existante (ce qui est) et la structure requise (ce qui pourrait être). Lorsque nous abordons cette tension dans une réunion de gouvernance et la transformons en changement significatif, nous faisons évoluer la structure formelle vers une structure plus requise – nous affinons les informations explicites saisies de qui fait quoi et les autorités et attentes en jeu, afin qu'elles reflètent des conditions plus idéales. Par exemple, si, en tant que responsable du calendrier de production, vous ressentez une tension car quelqu'un marche sur vos plates-bandes et vous vous retrouvez à exécuter deux fois les mêmes tâches, vous pouvez utiliser le processus de gouvernance pour mieux répartir le travail. Par conséquent, bien qu'il existe une structurelle formelle en *Holacracy*, elle est continuellement affinée et modifiée en fonction des tensions ressenties par les individus dans leur travail quotidien, reflétant ainsi notre meilleure compréhension de la structure à adopter pour exécuter les tâches le plus efficacement possible.

En conséquence, dans une organisation fonctionnant selon les principes de *Holacracy*, les employés se réfèrent régulièrement aux fiches de poste (la leur et celle des autres), parfois chaque jour, car elles contiennent des informations utiles, pertinentes, précises et clairement rédigées sur les actions à mener et les attentes légitimes. Cela signifie que la façon de travailler ensemble (la structure existante) reflète mieux ce qui est acté (la structure formelle), laquelle se rapproche plus de la situation idéale pour l'organisation (la structure requise). Ainsi, ces trois structures ne font plus qu'une – tout du moins pendant un moment, jusqu'à ce qu'une autre tension soit captée. Ce processus évolutif doit donc être maintenu.

Penchons-nous maintenant, tout en gardant à l'esprit cette distinction fondamentale (en *Holacracy*, la « structure » n'est pas figée mais en perpétuelle évolution), sur le type de structure utilisé en *Holacracy* et ses différents composants.

UNE STRUCTURE ORGANIQUE

Le type de structure utilisé par les organisations ayant adopté *Holacracy* n'est pas la hiérarchie traditionnelle, mais une « holarchie ». C'est Arthur Koestler qui a inventé ce terme, apparu dans son ouvrage intitulé *Le Cheval dans la locomotive :*

*le paradoxe humain.** Il a défini l'« holon » comme « un tout qui fait partie d'un ensemble plus vaste » et l'« holarchie » comme la connexion entre les holons. Ces termes vous paraissent peut-être étranges mais ils décrivent une notion que vous connaissez très bien. Votre corps est un exemple d'holarchie. Chaque cellule de votre corps est un holon – à la fois un tout indépendant *et* la partie d'un tout plus important, un organe. De même, chaque organe est un tout indépendant qui fait partie d'un tout plus important, votre corps. Cette série d'holons en gigogne – cellule, puis organe, puis organisme – est un exemple d'holarchie.

Nous retrouvons cette structure dans la nature qui nous entoure. Pensez à l'interaction entre les particules pour créer les atomes, qui se lient pour former les molécules, lesquelles se regroupent en cristaux ou protéines, par exemple – chaque élément étant à la fois une partie et un tout. Ces holarchies favorisent simultanément l'autonomie et l'auto-organisation à chaque niveau. C'est le genre de structure utilisé par *Holacracy*, qui se retrouve dans l'étymologie même du terme : *Holacracy* signifie gouvernance (*-cracy*) de et par l'holarchie organisationnelle (*hola-*).

Si nous étudions une entreprise à travers ce prisme d'holons et d'holarchie, nous pourrions estimer que les êtres humains sont de petits holons au sein du système organisationnel, imbriqués dans de plus gros holons que sont les équipes, les départements, etc. Mais les êtres humains ne sont pas des « parties de l'entreprise » complètes comme les cellules d'un organe. Nous sommes plutôt des entités autonomes qui choisissent de s'impliquer et d'« énergiser » les fonctions d'une organisation, organisées en divers « rôles ». Ces rôles *sont* des parties de l'entreprise et les éléments de base de la structure de *Holacracy.* Lorsque nous distribuons l'autorité, comme évoqué dans le précédent chapitre, ce n'est pas à des personnes, mais aux rôles qu'elles remplissent. Ces rôles spécifiques sont investis de l'autorité nécessaire pour exécuter certaines tâches et poursuivre des buts particuliers. Lorsque les

* Arthur Koestler, *Le Cheval dans la locomotive : le paradoxe humain*, traduit par Georges Fradier, Calmann-Lévy, Paris, 1968.

responsabilités associées à un rôle sont trop lourdes à assumer pour un seul individu, ce rôle peut alors être divisé en plusieurs sous-rôles, devenant alors un « cercle ».

Dans la mesure où *Holacracy* consiste à organiser le travail et non les individus, elle laisse beaucoup de liberté aux gens pour s'organiser en fonction des rôles qu'ils remplissent. Au lieu de représenter des nœuds de hiérarchie, les personnes sont comme des électrons libres, pouvant faire leur marché et accepter des rôles n'importe où au sein de la structure de l'organisation, et même remplir plusieurs rôles dans différentes parties de l'organisation en même temps. Chez Zappos, par exemple, cette liberté a permis à Matt, à la base membre de l'équipe des réseaux sociaux, de devenir, selon l'un de ses collègues, « un rouage important de nombreuses initiatives transversales, comme les communications internes, les systèmes d'avancement et de développement et la facilitation de *Holacracy*, ce qui lui aurait été impossible auparavant. »

RÔLES ET REDEVABILITÉS

Pensez à ce que vous vivez dans une organisation conventionnelle : à qui devez-vous rendre des comptes ? La réponse classique est « à mon chef » ou « à mon manager », mais beaucoup d'autres personnes comptent bien entendu sur vous : vos collègues, vos clients, peut-être des investisseurs ou d'autres parties prenantes. Il existe une autre question bien plus utile : « Qu'attendent de vous ces personnes ? » Chaque partie attend que vous meniez à bien avec efficacité certaines activités bien précises. Il est essentiel pour le bon fonctionnement d'une organisation que ces redevabilités soient clairement formulées. Cela reste très souvent implicite. Si tout se déroule bien et que nos attentes sont bien alignées, c'est parfait ! Mais, trop souvent, plusieurs personnes ont des conceptions différentes des responsabilités et actions à mener par chacun. Ce manque de clarté engendre toutes sortes de frictions entre les personnes, ainsi que des divergences politiques.

Par exemple, je souhaite envoyer un courriel comprenant un lien vers les toutes dernières informations en matière de formation. Je compte sur l'un de mes collègues pour qu'il ait bien mis à jour le site Web. Mais si ce collègue a une vision différente de ce dont il est redevable et se contente de mettre à jour le site une fois par mois, il se peut que les données que je souhaite partager ne soient pas encore en ligne. C'est la limite du système de management traditionnel dans ce cas. Si nous avons une vision différente des redevabilités du collègue en question, nos attentes ne peuvent que s'opposer.

SIGNES AVANT-COUREURS

Les symptômes suivants sont-ils apparus dans votre organisation ? Si la réponse est « oui », c'est que les rôles et redevabilités ne sont pas assez clairement définis.

- Méfiance et énervement entre collègues.
- Tâches essentielles non exécutées.
- Nombreuses réunions avec des débats animés afin de trouver un consensus.
- Courriels qui fusent avec de nombreuses personnes en copie, souvent pour des raisons obscures.
- On demande l'avis de tout le monde avant de prendre des décisions et on s'attend que les autres en fassent de même.
- On a beaucoup d'idées sur ce que l'« on » devrait faire… mais « on » ne fait rien.

Quand nous avons chacun nos attentes vis-à-vis de l'autre, d'importantes tâches sont abandonnées et tout le monde est contrarié. Nous sommes déçus par l'autre, nous nous sentons injustement accusés, nous nous méfions ou nous outrepassons nos rôles afin de compenser, empiétant sur les prérogatives d'autrui. Aucun exercice destiné à renforcer la confiance ou la cohésion ne peut résoudre ces problèmes, car ces derniers sont bien moins personnels qu'ils ne paraissent. Ils ne résultent pas d'une trahison personnelle, de la méfiance ou d'une certaine insensibilité, mais d'un décalage en termes de compréhension de ce que nous pouvons attendre de l'autre. C'est le symptôme du manque de clarté. Pour que les choses soient claires, nous devons commencer par abandonner l'idée selon laquelle les autres doivent s'aligner sur nos attentes implicites (ou celles de quelqu'un d'autre). Cela nécessite un processus de gouvernance efficace, décrit très explicitement et non pas exercé de façon implicite. Le processus de gouvernance de *Holacracy* génère de la clarté en définissant des rôles explicites avec des redevabilités explicites, qui octroient une autorité explicite. Ce processus fait évoluer en permanence ces définitions afin d'intégrer l'apprentissage et s'aligner sur la réalité constamment fluctuante de l'organisation. Le pouvoir ne découle alors pas de normes vagues et tacites, mais d'un processus clair et documenté et des attentes et autorités qui en résultent.

Cela peut mettre quelque peu mal à l'aise dans un premier temps. Shereef Bishay, fondateur de la société de formation Dev Bootcamp, résume cela très succinctement : « La dimension explicite créée par *Holacracy* n'a rien de civilisé. » Bishay soulignait là à quel point nous sommes habitués, dans notre société « civilisée », à être vagues et à emprunter des voies détournées. Une situation vraiment claire et concrète peut paraître bizarre de prime abord. Mais lorsque la clarté augmente, il en découle naturellement un sentiment de confiance. Avec le temps, la culture d'entreprise fait que de moins en moins d'employés se servent de moyens politiques pour influer sur les autres, tout simplement parce qu'il est plus efficace de générer de la clarté par le biais de la gouvernance. Une structure d'autorités et d'attentes explicites contribue également à bien distinguer les personnes qui travaillent au sein de l'organisation des fonctions ou rôles qu'elles remplissent. Le découplage de ces deux éléments souvent confondus est l'une des clés d'une pratique efficace de *Holacracy*.

BIEN DIFFÉRENCIER LE RÔLE DE LA PERSONNE

Quand, lors d'une réunion avec mes partenaires d'HolacracyOne, ma liste de tâches se trouve enrichie, personne ne pense que ces tâches sont assignées à « Brian ». Nous disons plutôt que telle tâche est assignée au rôle *Formateur*, *Conception de programmes* ou *Finance*, ces trois rôles m'incombant. De même, je n'appelle pas forcément mes partenaires par leur nom. Je dis plutôt *Marketing*, *Responsable du site Web* ou *Opérations de formation*. Nous n'avons pas décidé d'utiliser ce procédé, cela s'est mis en place spontanément. S'adresser ainsi à des collègues peut paraître étrange, mais cela a le mérite d'être clair et traduit un changement essentiel apporté par *Holacracy* : la distinction entre les personnes et les rôles.

Dans notre culture d'entreprise moderne, rôles et individus sont largement confondus et cette fusion restreint à la fois les employés et l'organisation à plus d'un titre. Par exemple, il est souvent difficile de séparer les émotions concernant les personnes de celles concernant les rôles qu'elles remplissent. Parfois, les conflits vécus dans la vie de l'organisation éclatent entre rôles, mais nous les prenons à tort pour des conflits de personnes. Ces dissensions deviennent inutilement personnelles et quand nous essayons de les résoudre en apaisant les relations humaines, nous ne clarifions pas les « rôle-ations » sous-jacentes au sein de l'organisation. J'emploie ce terme pour désigner la relation entre nos rôles et la contribution que ces rôles impliquent de la part de chacun de nous, en dehors des liens personnels.

Par exemple, si vous êtes dans le rôle *Prospection* au sein d'une organisation, vous pourriez être redevable de rechercher des clients potentiels et vous avez conscience de l'importance de rencontrer du monde. Mais il se peut que vous vous heurtiez à la personne remplissant le rôle *Finance*, qui exige des notes de frais détaillées et s'interroge sur la nécessité de si nombreux déjeuners d'affaires. Vous pouvez vous sentir attaqué par son harcèlement permanent. Vous avez le sentiment qu'elle ne vous fait pas confiance ou ne vous aime pas. En fait, ce conflit n'a rien de personnel. Vous « énergisez » vos rôles respectifs et « mettez en œuvre » vos redevabilités, comme on dit souvent en *Holacracy*. La tension est due à un conflit de priorités ou d'attentes entre ces deux rôles. L'essentiel est de clarifier ce que l'on peut attendre de chaque rôle pour le bien de la raison d'être de l'organisation.

Holacracy s'attache à différencier les personnes des rôles qu'elles remplissent. La structure de l'organisation est définie par les rôles qui lui sont nécessaires pour cultiver sa raison d'être, sans faire référence nominativement aux employés. Ces personnes interviennent par la suite, pour remplir ou énergiser ces rôles. Grâce à la définition des rôles nécessaires à la raison d'être de l'organisation, nous pouvons ensuite nous pencher sur les talents disponibles et affecter le meilleur élément à chaque rôle. La plupart d'entre nous remplissent naturellement plusieurs rôles. Dans notre vie personnelle, nos rôles sont toujours multiples : parent, conjoint, enfant, enseignant et étudiant. À chacun de ces rôles correspondent diverses attentes et responsabilités. Il en va de même dans une organisation. Un être humain peut assumer plusieurs rôles. Chez HolacracyOne, je remplis une trentaine de rôles, dont ceux mentionnés plus haut : *Formateur*, *Conception de programmes* et *Finance*.

Pour favoriser une définition claire et concrète des rôles, la constitution de *Holacracy* stipule qu'un rôle se compose de trois éléments : une « raison d'être » à exprimer, un ou plusieurs « domaines » à contrôler et un ensemble de « redevabilités ». Certains rôles renferment ces trois éléments, mais souvent, les rôles ne comprennent qu'une raison d'être ou une seule redevabilité, puis évoluent par la suite. La raison d'être nous informe de la raison pour laquelle le rôle existe, du but à atteindre. Un domaine (il peut y en avoir plusieurs) précise l'autorité *exclusive* que le rôle détient et peut contrôler au nom de l'organisation –, autrement dit la « propriété » de ce rôle, à laquelle aucun autre rôle ne peut toucher. Et chaque redevabilité est une activité dans la durée que le rôle est habilité à effectuer et qu'il se doit de mettre en œuvre ou sinon de gérer pour le compte de l'organisation. Cette association autorité/redevabilité permet d'éviter une situation courante : chaque personne est responsable de quelque chose mais sans avoir l'autorité pour le faire. Les redevabilités sont formulées à l'aide d'un verbe à l'infinitif afin d'indiquer qu'il ne s'agit pas de projets mais d'activités permanentes. Nous allons étudier les liens entre ces trois éléments plus en détail à la fin du chapitre suivant.

EXEMPLE DE DÉFINITION D'UN RÔLE

Chaque rôle peut avoir une raison d'être, des domaines et des redevabilités.
Rôle : Marketing
Raison d'être : Communiquer abondamment sur notre entreprise et ses services
Domaines :

- Liste d'abonnés à la newsletter et comptes des réseaux sociaux de l'entreprise.
- Contenu du site Web public de l'entreprise.

Redevabilités :

- Construire des relations avec des clients potentiels sur des marchés cibles définis par le rôle *Stratégie marketing*.
- Promouvoir et mettre l'accent sur les services de l'organisation auprès de clients potentiels via Internet et les réseaux sociaux.
- Faire le tri des invitations à des conférences et à des événements de relations publiques envoyées à l'organisation et router les bonnes opportunités au rôle *Porte-parole*.

En *Holacracy*, les rôles sont des êtres vivants dynamiques qui évoluent au fil du temps. Contrairement aux fiches de poste traditionnelles, souvent vagues, théoriques et très vite obsolètes, les définitions des rôles reposent sur la réalité des activités considérées comme utiles pour l'organisation et demeurent en phase avec cette réalité fluctuante. Le processus de gouvernance de *Holacracy* permet une clarification et un perfectionnement permanents des rôles sur la base des tensions ressenties et non de prévisions abstraites. Imaginez que vous ressentiez une tension dans l'un de vos rôles parce qu'un collègue n'exerce pas une fonction sur laquelle vous comptiez. Les règles et processus de *Holacracy* vous forceront à vous poser la question suivante : « Est-ce une redevabilité explicite associée à son rôle ou une attente implicite de ma part ? » Vous pouvez avoir le sentiment qu'il s'agit d'une attente parfaitement naturelle et raisonnable de votre part, mais en *Holacracy*, si ce n'est pas une redevabilité explicite de l'un de ses rôles, vous n'avez aucun droit d'attendre cela de lui. Cependant, si vous avez le sentiment que vous *devriez* pouvoir compter sur lui en la matière, lors de la prochaine réunion de gouvernance, vous pourrez proposer que cette tâche devienne une redevabilité explicite de son rôle. (Je traite plus en détail ce processus dans le prochain chapitre, consacré à la gouvernance.)

Lorsque nous avons une idée claire des rôles et rôle-ations, nombre de frustrations couramment ressenties dans la vie d'entreprise disparaissent. Nous n'avons plus besoin de réunions au cours desquelles chaque décision fait l'objet de débats, puisque nous connaissons l'autorité dont nous disposons, les autres rôles à impliquer et les raisons pour lesquelles demander leur contribution. Plus besoin de mettre en copie tout le monde quand nous rédigeons des courriels ou de leur demander leur avis avant de prendre une décision. En cas de discussion collective, il n'est plus nécessaire de viser le consensus car tout le monde sait quels rôles ont l'autorité nécessaire pour prendre telles décisions. Nous savons en outre ce que nous pouvons raisonnablement attendre des autres et qui attend des choses de nous car nous travaillons ensemble et exerçons une autorité conjointe. La clarté au sein de l'organisation génère une réelle distribution du pouvoir. Cela nous permet d'être un bon leader quand nous remplissons notre rôle et que nous devons trouver l'équilibre entre contributions et opportunités et cela nous oblige à être un bon suiveur quand il appartient à un autre rôle de prendre une décision et de clore la discussion en fonction de son jugement personnel.

LES CERCLES

Comme je viens de les décrire, les rôles sont les cellules de l'organisation. Penchons-nous maintenant sur la structure organisationnelle globale regroupant et intégrant ces rôles. Un organigramme classique ressemble à un arbre retourné, chaque nœud représentant une personne (ou un « poste », mais quand les postes sont chacun associés à une personne, cela revient au même). L'holarchie ressemble quant à elle à une série de cercles imbriqués les uns dans les autres, comme les cellules qui se trouvent dans les organes, lesquels font partie d'un organisme. Dans une holarchie, chaque partie (ou holon) n'est pas assujettie à celle située au-dessus, mais dispose d'une autonomie, d'une autorité individuelle et d'une plénitude. Nous avons donc une holarchie de rôles regroupés dans des cercles, eux-mêmes figurant à l'intérieur de plus grands cercles, jusqu'à remonter au cercle le plus imposant, qui englobe toute l'organisation. Dans la constitution, on appelle ce cercle le « cercle d'ancrage ». Chaque cercle et rôle au sein de l'holarchie dispose d'une véritable autonomie et autorité et constitue une entité à part entière. En tant que partie d'une plus grande entité, il a également des responsabilités.

Malgré l'autonomie de base de chaque cercle, ses décisions et actions ne sont pas entièrement indépendantes des autres. N'oubliez pas, chaque cercle est un holon – à la fois une entité autonome et une partie d'un cercle plus grand. En tant que partie, il partage son environnement avec les autres fonctions et sous-cercles de ce cercle plus grand. Par conséquent, un cercle qui se comporte comme s'il était totalement autonome risque d'endommager le système, à l'instar d'une cellule du corps non alignée qui devient un cancer. Les besoins des autres cercles doivent être pris en compte dans le processus d'auto-organisation. En *Holacracy*, il s'agit de définir les redevabilités et contraintes que doit respecter chaque cercle. Et les autres cercles ont leur mot à dire, comme nous le verrons dans le prochain chapitre.

STRUCTURE ÉLÉMENTAIRE DU CERCLE

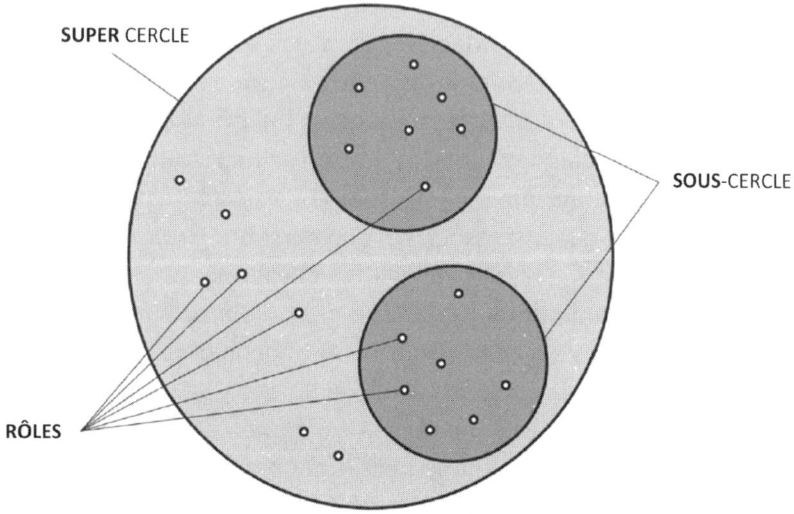

Cette structure illustre le changement nécessaire à la distribution de l'autorité en *Holacracy* – d'une hiérarchie de personnes dirigeant des personnes à une holarchie de fonctions au sein d'une organisation remplies par des rôles et cercles. Et la différence est essentielle : ce n'est pas simplement un changement de *type* de structure, avec un passage de la hiérarchie à l'holarchie, mais *ce qui* est structuré en premier lieu. Il ne s'agit plus de structurer les individus mais de structurer les rôles et fonctions. Plus précisément, au lieu de structurer une simple relation de pouvoir entre les gens – qui peut donner des ordres à qui –, *Holacracy* structure le travail au sein du système et clarifie les limites entre les différentes entités réalisant ce travail. Je pense donc qu'il est trompeur d'affirmer que « *Holacracy* est horizontale » ou « *Holacracy* est hiérarchique » car elle utilise un autre type de hiérarchie, différent de celui auquel nous sommes habitués, et dans un but différent.

Mettre en place ce changement, ce n'est pas simplement rebaptiser vos départements ou désigner sous le terme « cercles » vos équipes-projets. Un cercle n'est pas un groupe de personnes mais un groupe de rôles et, dans un certain sens, il est lui-même un très grand rôle, avec une seule raison d'être cohérente à exprimer, des redevabilités à assumer et éventuellement certains domaines à contrôler. Les rôles d'un cercle sont une décomposition du travail nécessaire pour que le cercle exprime sa raison d'être, mette en œuvre ses redevabilités et contrôle ses domaines. Un cercle dispose de l'autonomie et de l'autorité nécessaires pour s'auto-organiser et coordonner et intégrer les tâches de tous les rôles qu'il renferme. Cette auto-organisation est mise en œuvre lors des réunions de gouvernance du cercle, sujet que je traite dans le chapitre suivant.

Le travail des cercles peut varier considérablement à la fois du point de vue de sa nature que de son ampleur. Certains cercles mettent en place des projets bien précis, tandis que d'autres gèrent un département ou un secteur d'activité, assurent des fonctions d'assistance particulières ou s'occupent du fonctionnement général de l'entreprise. Certains cercles sont plus modestes et ciblent un objectif bien particulier, tandis que les cercles plus imposants peuvent englober plusieurs cercles. Par exemple, une organisation peut proposer un service bien précis. Les divers rôles concernés par la prestation de ce service peuvent être regroupés dans un cercle chargé d'assurer le processus de livraison. Ce cercle peut lui-même être regroupé avec d'autres dans un cercle plus grand qui intègre d'autres fonctions en marge de la prestation de services, telles que la vente, le marketing, et l'assistance.

Parfois, un cercle se forme quand les redevabilités d'un rôle gagnent trop en complexité et nécessitent d'être décomposées pour pouvoir être mises en œuvre en toute efficacité. Une petite startup peut démarrer avec un seul rôle *Marketing*, rempli par une personne. À mesure que l'entreprise se développe, ses besoins en matière de marketing peuvent évoluer et nécessiter l'intervention de plusieurs rôles inextricablement liés et remplis par plusieurs personnes. Ainsi, le rôle *Marketing* se transforme en cercle « marketing », afin de décomposer les tâches concernées. Les rôles figurant dans ce cercle peuvent être : *Réseaux sociaux*, *Publicité*, *Marketing Web* et *Promotion de la marque*. Le rôle *Réseaux sociaux* peut finir par devenir trop imposant pour une seule personne. Dans ce cas, ses redevabilités sont réparties entre deux ou trois rôles. « Réseaux sociaux » devient alors un cercle à part entière, « sous-cercle » du « super-cercle » marketing. Les mêmes règles de base s'appliquent, quels que soient le niveau et le thème d'un cercle.

PREMIER LIEN ET SECOND LIEN

Quand un cercle contient des sous-cercles, le super-cercle et chaque sous-cercle sont reliés grâce à deux rôles spéciaux qui sont à cheval sur la frontière entre les cercles reliés, comme des canaux traversant la membrane d'une cellule. Ces rôles, appelés « liens », prennent part aux processus de gouvernance et opérationnels des deux cercles reliés, permettant le passage du feedback et du traitement des tensions d'un cercle à l'autre. Le « premier lien » est nommé par le super-cercle afin de représenter les besoins de ce dernier dans le sous-cercle. Un premier lien dispose du point de vue et des fonctions nécessaires pour aligner le sous-cercle sur la raison d'être, la stratégie et les besoins du cercle supérieur. L'autre lien est le « second lien ». Il est élu par les membres du sous-cercle et il est chargé de représenter le sous-cercle dans le super-cercle. Ce rôle de second lien est très différent de ce à quoi nous sommes habitués dans une organisation moderne. Un second lien fait du super-cercle un environnement sain pour le bien du sous-cercle, en transmettant les points de vue essentiels du sous-cercle en gouvernance et opérations du super-cercle. Les seconds liens apportent un feedback au cercle supérieur, tout en veillant sur l'autonomie et la durabilité du sous-cercle au sein de cet environnement. Pour assurer leurs fonctions, les deux liens peuvent participer à la gouvernance et aux opérations des deux cercles reliés.

Reprenons l'exemple des réseaux sociaux de la section précédente : au sein du cercle « réseaux sociaux », il existe un premier lien ayant pour fonction entre autres d'apporter sa connaissance de la stratégie et de la communication du cercle « marketing » au bénéfice des activités du cercle « réseaux sociaux », afin de veiller à ce que celles-ci demeurent alignées. Le cercle « réseaux sociaux » a également élu un second lien, qui est à l'écoute des problèmes surgissant au sein de l'équipe des réseaux sociaux et doit informer de la façon dont les autres tâches du marketing sont exécutées (ou non). Ces problèmes remontent donc au cercle « marketing », où ils sont traités. Le second lien peut également avoir besoin de s'assurer que la stratégie de communication du cercle « marketing » est adaptée à la nature des réseaux sociaux, à distinguer des supports de communication traditionnels. Ces deux liens assistent également aux réunions de gouvernance du cercle « marketing », où ils représentent le cercle « réseaux sociaux », mais chacun avec une approche légèrement différente de l'autre.

Cette interconnexion entre cercles et leurs sous-cercles respectifs se poursuit dans toute l'holarchie de l'organisation, une couche à la fois, créant des voies d'alignement et de feedback bidirectionnelles.

Le rôle de premier lien est une fonction clé dans chaque cercle, mais diffère du rôle traditionnel de manager. Être premier lien, ce n'est pas diriger les membres du cercle (lesquels peuvent remplir des rôles dans de nombreux cercles, avec autant de premiers liens). La mission du premier lien n'est pas de diriger l'équipe ou de gérer les tensions ressenties par les membres du cercle. Il n'est pas le supérieur hiérarchique des membres du cercle mais représente ce dernier et sa raison d'être dans l'environnement supérieur de l'organisation. La meilleure métaphore pour traduire ce qu'est le rôle de premier lien est celle de la cellule : le premier lien est la membrane de la cellule. En tant que premier lien, plutôt que de diriger l'action, vous tenez l'espace dans lequel s'exprime la raison d'être du cercle. Et vous maintenez à distance les problèmes et inquiétudes n'entrant pas dans le champ d'action du cercle. Vous êtes également l'interface en marge du cercle, qui achemine les informations ou demandes entrantes vers les rôles concernés et fait entrer et guide les ressources vers les fonctions, rôles ou projets les plus importants de votre cercle. Vous demeurez sur le qui-vive, guettant le moindre manque de clarté concernant tels rôles devant exécuter telles tâches et prendre telles décisions. Et vous œuvrez à l'obtention de cette clarté via le processus de gouvernance. Dans un nouveau cercle, le rôle de premier lien se caractérise par son esprit entrepreneurial – vous bâtissez une structure afin d'atteindre une raison d'être et vous devez expérimenter différentes approches, voir ce qui fonctionne et vous adapter –, le tout pour le compte du cercle et de sa raison d'être.

RELATIONS ENTRE CERCLES

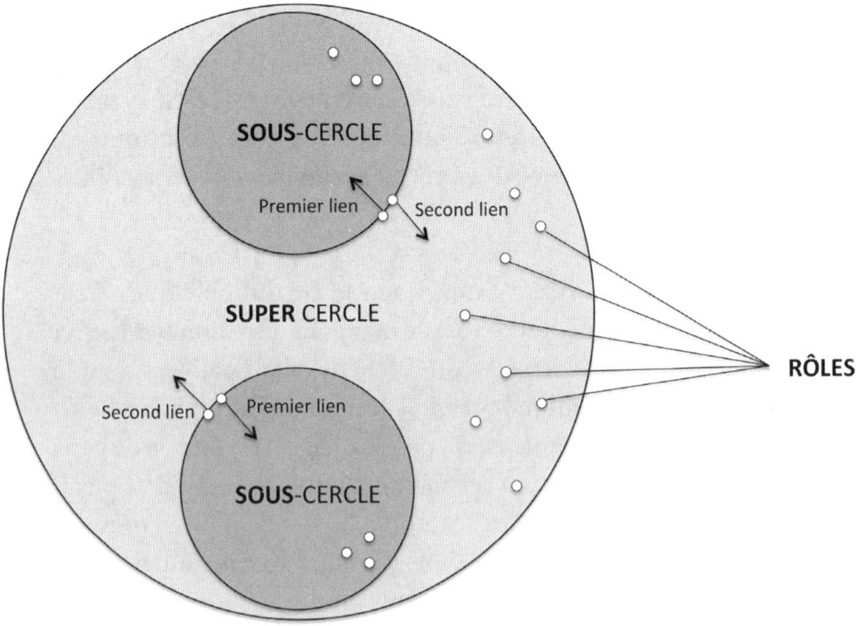

DESCRIPTION DU RÔLE DE PREMIER LIEN

Raison d'être
Le premier lien détient la raison d'être de l'ensemble du cercle

Domaines
- Affectation des rôles du cercle.

Redevabilités
- Structurer la gouvernance du cercle pour manifester sa raison d'être et mettre en œuvre ses redevabilités.
- Affecter des associés aux rôles du cercle ; suivre l'adéquation entre les rôles et les associés qui y sont affectés ; offrir du feedback pour améliorer cette adéquation ; et réaffecter les rôles à d'autres associés si besoin pour obtenir une meilleure adéquation.
- Allouer les ressources disponibles du cercle aux différents projets et/ou rôles.
- Établir des priorités et des stratégies pour le cercle.
- Définir des indicateurs pour le cercle.

Éliminer au sein du cercle les contraintes sur la mise en œuvre de la raison d'être et des redevabilités du super-cercle

Le premier lien détient également tous les domaines et redevabilités placés au niveau du cercle dans la mesure où ceux-ci n'ont pas été délégués par ailleurs à d'autres rôles ou processus au sein du cercle.

Le premier lien a des redevabilités qui sembleront familières à des managers chevronnés, comme affecter des personnes à des rôles et fixer des priorités. Cependant, lorsque ces managers endossent un rôle de premier lien, leur difficulté est de comprendre les différences et limites de leur autorité. En fin de compte, tous les rôles créés dans une entreprise appliquant les principes de *Holacracy* ont une véritable autorité inaltérable. Le premier lien n'est qu'un rôle parmi d'autres, avec ses propres autorités et limites. Anna

McGrath, coach en *Holacracy*, m'a raconté le déroulement d'une réunion à laquelle elle a assisté chez Pantheon Enterprises, société qui fabrique des produits chimiques écologiques et qu'elle formait à *Holacracy*. Le premier lien d'un cercle était le dirigeant et fondateur de l'entreprise, ancien ingénieur nucléaire extrêmement expérimenté. Dans ce cercle figurait également son beau-fils de vingt-deux ans, Steven, remplissant le rôle d'assistant de production. Dans son rôle, Steven prit une décision désapprouvée par le premier lien, qui proposait une autre approche. Anna nota que le jeune homme « ne fut pas impoli ni odieux mais déclara tout simplement qu'il avait l'autonomie nécessaire pour prendre cette décision et on ne s'attarda pas inutilement sur la question. J'ai trouvé que c'était l'illustration parfaite de la façon dont une personne travaillant dans une organisation, du plus petit employé à la personne occupant le poste le plus élevé, peut assumer son pouvoir et son autorité conformément à des redevabilités très claires et faire en sorte que les autres respectent sa souveraineté. »

Cette histoire montre comment le pouvoir du premier lien est limité par la constitution. Un premier lien peut retirer une personne d'un rôle mais n'a pas l'autorité de la licencier, de fixer des indemnités ou de définir de nouveaux rôles et attentes pour les employés en dehors du processus de gouvernance. Et si un premier lien peut attendre d'une personne en charge d'un rôle dans son cercle qu'elle privilégie, à sa demande, un projet plutôt qu'un autre, il ne peut exiger qu'elle accepte d'emblée un projet bien précis. Il incombe à la personne en charge du rôle d'évaluer si le projet proposé par le premier lien est conforme à la raison d'être et aux redevabilités de son rôle. S'il existe une incompatibilité, elle peut refuser et, même si le projet est conforme, elle a la possibilité de lui préférer un autre résultat attendu lui paraissant plus adapté à son rôle.

Une question sur ce thème s'est récemment posée chez l'un de nos clients. Le cercle « formation interne » a décidé qu'ils avaient besoin d'un rôle pour cerner et partager les meilleures pratiques d'utilisation d'un outil. Ils ont donc créé un rôle dont la redevabilité était de « recenser et partager les meilleures pratiques employées par les sociétés affiliées et les autres parties prenantes ». À partir de là, le premier lien de ce cercle a demandé à la personne en charge du rôle de créer un site Web collaboratif sur lequel les employés pourraient partager les méthodes utilisées. Il (et quiconque appartenant au cercle) avait le droit d'effectuer cette demande, mais une question s'est posée : la personne en charge du rôle était-elle dans l'obligation d'accepter ce projet et de créer ce site Web collaboratif ?

Selon les règles de *Holacracy*, la réponse est clairement « non ». Bien qu'une personne en charge d'un rôle ait le devoir d'exprimer sa redevabilité, elle n'est pas obligée d'accepter pour ce faire un projet donné. Dans ce cas précis, la personne en charge du rôle avait peut-être recherché les avantages et les inconvénients du site Web collaboratif par rapport aux blogs publics et en avait conclu que la création d'un blog permettant de bénéficier des commentaires et d'un soutien extérieurs profiterait mieux à son rôle. En tant que personne en charge du rôle, elle dispose de l'autonomie nécessaire pour remplir son rôle et choisir la manière d'exprimer ses redevabilités. Le premier lien ne peut passer outre cette autonomie, son pouvoir se limitant à nommer les bonnes personnes aux différents rôles, puis à prioriser le travail au sein de l'ensemble du cercle. Si un rôle n'est pas pourvu ou une fonction n'est pas tenue par un rôle au sein du cercle, le premier lien s'en charge, prenant la responsabilité de s'en occuper, mais uniquement jusqu'à la création en réunion de gouvernance du rôle correspondant et de la nomination d'un employé à sa tête.

Le rôle de second lien est également crucial dans un cercle, le qualificatif « second » ne signifiant pas qu'il est secondaire. C'est simplement une fonction différente de celle du premier lien. Si le premier lien est surtout une membrane située autour de la cellule, le second lien est un lien direct menant du cœur de la cellule à l'extérieur de celle-ci. Il peut fournir un feedback rapide car il sait ce qui se passe en première ligne. Canaliser les tensions handicapant un sous-cercle et impossibles à traiter localement est du ressort du second lien et non du premier lien. Par exemple, si le cercle « réseaux sociaux » a du mal à bien promouvoir les produits de l'entreprise car les directives du cercle « marketing » en matière de communication sont trop agressives pour des environnements tels que Twitter et Facebook (plus axés sur la simple conversation), le second lien peut aborder cette tension lors de la prochaine réunion de gouvernance du cercle « marketing ». Il pourra alors proposer une solution, comme ajouter une redevabilité au rôle *Gestion de la marque* afin de pouvoir consulter un membre du cercle « réseaux sociaux » lors de la création des directives en matière de communication.

Le second lien épargne au premier lien la gestion des tensions ressenties par les membres du cercle concernant l'entreprise dans son ensemble et les autres cercles. Le premier lien dispose ainsi de plus de temps et d'énergie pour s'attacher à faire avancer le cercle autrement.

DESCRIPTION DU RÔLE DE SECOND LIEN

Raison d'être

Au sein du super-cercle, le second lien détient la raison d'être du sous-cercle ; au sein du sous-cercle, la raison d'être du second lien est : les tensions pertinentes à processer dans le super-cercle y sont apportées et traitées.

Redevabilités

- Éliminer au sein de l'organisation plus large les contraintes qui limitent le sous-cercle.
- Chercher à comprendre les tensions transmises par les membres du sous-cercle et discerner celles qu'il est pertinent de processer dans le super-cercle.
- Donner de la visibilité au super-cercle sur la santé du sous-cercle, y compris rendre compte de tout indicateur ou point de check-list assigné à l'ensemble du sous-cercle.

LIENS TRANSVERSES

Outre les premiers liens et seconds liens, il existe un troisième type de lien en *Holacracy*, bien plus rare : le lien transverse. Si le premier lien et le second lien relient deux cercles dont l'un contient l'autre, le lien transverse relie des cercles parallèles ou séparés dans l'holarchie de l'organisation. Ajouter un lien transverse entre deux cercles offre un moyen direct de traiter dans un cercle des tensions ressenties dans un autre cercle, même si celui-ci est très éloigné au sein de l'holarchie de l'organisation, et sans passer par le premier lien ou second lien. La plupart du temps, les liens transverses ne sont pas utiles car ces deux cercles sont situés dans un plus grand cercle et une question portant sur la relation entre ces deux cercles peut être réglée au sein du cercle supérieur. Par exemple, chez HolacracyOne, nos cercles « prestation de services » et « promotion » sont tous deux inclus dans le cercle « généralités sur l'entreprise ». Parfois, nous devons comprendre la relation entre ces deux cercles et ce qu'ils peuvent attendre l'un de l'autre, mais un lien transverse est inutile car nous pouvons gérer ces problèmes au cours des réunions de gouvernance du cercle « généralités sur l'entreprise ».

Cependant, si l'intégration à effectuer entre les deux sous-cercles est trop importante et risque de distraire le cercle immédiatement supérieur, il convient alors de nommer un lien transverse d'un cercle vers l'autre, afin qu'ils puissent résoudre directement leurs problèmes sans solliciter le cercle supérieur. Les liens transverses peuvent également s'avérer utiles quand il existe une relation entre deux parties radicalement différentes de l'organisation. Par exemple, une entreprise avec laquelle j'ai travaillé a créé un lien transverse du département commercial vers un compte client situé à de nombreux cercles de distance au sein de la structure organisationnelle générale. Malgré cette distance structurelle, il s'agissait naturellement de traiter les tensions entre eux, vu la position unique du rôle commercial dans la relation client et l'importance des conditions de livraison pour le client ayant signé un gros contrat. Le lien transverse facilite et accélère le traitement des tensions. Là encore, les liens transverses sont rarement nécessaires et peuvent être mal utilisés, surtout dans des organisations découvrant *Holacracy*. Mais lorsque la pratique de *Holacracy* atteint un niveau plus avancé, ils peuvent aider dans des cas bien précis. Leur rôle est également important dans un conseil d'administration respectant les principes de *Holacracy* (voir chapitre 8).

RÔLES ÉLUS/RÔLES AFFECTÉS

Comme nous allons le voir dans les chapitres suivants, la conduite de réunion implique l'emploi de deux rôles spécifiques : *Facilitateur* et *Secrétaire*. Ces rôles, ainsi que celui de *Second lien*, sont attribués grâce à une élection organisée lors d'une réunion de gouvernance, à l'aide du « processus d'élection intégrative » défini en détail dans la constitution. Les rôles sont élus pour une certaine durée (souvent pour un an), mais n'importe quel membre d'un cercle peut demander une nouvelle élection à tout moment.

En dehors de ces rôles élus, tous les rôles d'un cercle sont attribués par le premier lien, qui nomme une personne en mesure de travailler pour l'organisation. La constitution de *Holacracy* appelle ces personnes les « associés » de l'organisation, qu'ils soient sous le statut d'employés, de prestataires de services, de partenaires commerciaux, etc. Un associé qui se voit affecter un rôle est libre d'y renoncer à tout moment, sauf accord contraire, par exemple, si c'est une condition définie dans son contrat de travail avec l'organisation. Même le rôle de premier lien est attribué de la sorte. Pour reprendre notre exemple précédent, le premier lien du cercle « marketing » affecte une personne au rôle de premier lien du cercle « réseaux sociaux », lequel affecte des personnes aux différents rôles créés par ce cercle – à l'exception du second lien, du facilitateur et du secrétaire, qui sont toujours élus.

QUE FONT LES CERCLES ?

Les activités d'un cercle sont toujours conditionnées par les tensions ressenties par les personnes remplissant ses rôles et réalisant le travail – à savoir les « membres du cercle ». Ces membres de cercle englobent quiconque remplissant un rôle particulier au sein du cercle, ainsi que le premier lien nommé par le super-cercle et les seconds liens liés au cercle à partir des sous-cercles de ce dernier.

La façon dont les membres de cercle traitent les tensions dépend de la nature de chacune d'elles. Certaines tensions requièrent une action (opérations), tandis que d'autres nécessitent le changement du schéma ou de la structure de fonctionnement du cercle (gouvernance). Pour faciliter le traitement des tensions de diverses manières, au moins deux types de réunion sont organisés régulièrement au sein de chaque cercle. Et chaque type de réunion présente ses propres processus et règles du jeu. Nous allons découvrir les caractéristiques de ces processus dans les chapitres à suivre, mais voici un bref aperçu pour commencer :

> *Lors des « réunions de gouvernance », les membres de cercle affinent la structure du cercle en fonction des nouvelles informations et expériences survenant lors du travail quotidien. Il s'ensuit une bonne compréhension des rôles, de leurs activités et de leurs relations, ainsi que des politiques du cercle. Dans les cercles plus matures, les réunions de gouvernance sont souvent mensuelles ou bimensuelles, mais je conseille la tenue de deux réunions par mois à la plupart des cercles récemment créés et à ceux comptant de nombreux novices en matière d'*Holacracy.
>
> *Lors des « réunions de triage », les membres de cercle utilisent un forum afin de gérer les opérations en cours, de synchroniser les membres de l'équipe et de trier les éventuelles difficultés contrariant la progression. Les projets à entreprendre et les actions à mener sont ainsi plus clairement cernés. Les réunions de triage se déroulent généralement une fois par semaine, même si une fois tous les quinze jours est une fréquence qui convient à certains cercles.*

PRATIQUER POUR S'AMÉLIORER

J'espère que ces chapitres de présentation vous ont bien fait percevoir le changement de paradigme proposé par *Holacracy*. S'il y a bien un message que je souhaitais transmettre, c'est que *Holacracy* n'est pas simplement une technique qui vient s'ajouter à votre structure existante, mais une manière cruciale de modifier le jeu de pouvoir et l'organisation de l'entreprise. Voilà une bonne nouvelle car la technologie sociale en vigueur dans les entreprises modernes est devenue le premier obstacle à leur évolution et adaptabilité. Ces sociétés se retrouvent piégées dans l'ère industrielle. Nous sommes nombreux à ressentir cela, mais n'avons d'autre solution que d'essayer de devenir de meilleurs dirigeants, plus aptes à responsabiliser les autres au sein de vieilles structures. *Holacracy* est une alternative viable.

Les chapitres qui suivent décrivent la pratique de *Holacracy* et ses règles du jeu uniques pour des organisations dynamiques dotées d'une raison d'être. J'emploie le terme « pratique » car *Holacracy* ne peut parfaitement se comprendre qu'en l'utilisant régulièrement, comme l'exercice physique, l'apprentissage d'une langue étrangère ou d'un instrument. Pour qu'elle porte réellement ses fruits, *Holacracy* doit être pratiquée jusqu'à devenir une habitude. À l'instar de toute nouvelle habitude, elle vous semblera difficile dans un premier temps, mais si vous continuez de la cultiver, elle finira par devenir une seconde nature.

PARTIE 2
L'ÉVOLUTION MISE EN ŒUVRE : PRATIQUER *HOLACRACY*

4

LA GOUVERNANCE

Si nous convenons que le problème économique de la société concerne principalement une adaptation rapide à des changements dans un temps et un lieu particuliers, les décisions finales doivent revenir à des personnes connaissant bien ces circonstances, les changements pertinents à mettre en œuvre et les ressources immédiatement disponibles pour les réaliser.

F. A. HAYEK, « The Use of Knowledge in Society »

Lorsque vous regardez une équipe sportive professionnelle évoluer avec fluidité sur un terrain, communiquer, se faire des passes, défendre et marquer, pensez-vous aux règles du jeu ? Si c'est un sport que vous connaissez, probablement pas – pas plus que les joueurs, d'ailleurs. L'ensemble des règles et processus permettant à la partie de se dérouler a glissé à l'arrière-plan. Sans eux, bien entendu, le match tiendrait du voyage chaotique d'un ballon dans tous les sens. Quand tout le monde a intégré les règles et convenu de jouer en les respectant, celles-ci deviennent une habitude implicite et automatique passant inaperçue. Enfin, jusqu'à ce que ces règles soient enfreintes. Dès qu'un joueur enfreint une règle, son existence surgit dans la conscience des autres joueurs, des coachs, des arbitres et des supporteurs. Un coup de sifflet retentit, un carton est éventuellement sorti et une mesure appropriée est prise, afin que le match puisse retrouver sa fluidité. Puis, les règles s'évanouissent de nouveau à l'arrière-plan.

Holacracy fonctionne de manière très similaire. Lorsque vous remplacez un leadership descendant par un processus, ce dernier doit être robuste et suffisamment élaboré pour garantir l'alignement et l'union de tous, afin qu'ils puissent piloter leurs activités complexes au quotidien. Les processus de réunion qui définissent l'application quotidienne de *Holacracy* s'apparentent aux actions d'un match : dès que tous les acteurs suivent les règles, celles-ci deviennent une seconde nature. Mais, au départ, à l'instar d'un enfant qui apprend la pratique d'un sport, vous devrez vous pencher encore et encore sur les règles en vigueur afin de les retenir. Elles peuvent vous paraître pesantes ou restrictives, mais elles n'existent pas pour rien. Si votre fils de sept ans vous demandait pourquoi il ne peut pas ramasser le ballon à la main et courir quand il est sur un terrain de football, vous lui expliqueriez que si tout le monde faisait pareil, on ne pourrait pas jouer. Il en va de même pour *Holacracy*. Dans le présent chapitre et au chapitre 6, j'explique les règles et processus assez complexes et détaillés de la réunion de gouvernance. Nombre de personnes auprès desquelles j'interviens n'ont jamais assisté à des réunions structurées à ce point et ne perçoivent pas l'avantage de prime abord. Pour certains, les seuls termes « règles » et « structure » sont uniquement connotés négativement. Cependant, comme le dit David Allen : « Il n'y a pas de liberté sans discipline, pas de vision sans forme... S'il n'y avait pas de lignes de démarcation sur la chaussée, nous ne pourrions pas laisser vagabonder nos pensées pendant que nous conduisons. Nous serions bien trop occupés à surveiller les véhicules afin d'éviter les collisions. À l'inverse, s'il y avait trop de lignes sur la chaussée, trop de restrictions et trop de règles, la circulation s'en trouverait extrêmement ralentie. Nous serions constamment en train de nous demander si nous sommes sur la bonne voie au bon moment. »*

---

* David Allen, *Tout accomplir sans effort*, traduit par Michel Edéry, Leduc.s, Paris, 2010, p 81.

Lorsque vous commencez à pratiquer *Holacracy*, vous pouvez avoir l'impression d'être coincé au milieu de la circulation très dense et lente, à devoir prêter plus attention aux choses que de coutume. Je vous garantis que, si vous et vos collègues continuez de pratiquer *Holacracy*, en suivant les règles aussi scrupuleusement qu'une équipe de jeunes jouant au football, tôt ou tard, vous constaterez que vous avez oublié tout des processus et des règles. Et vous vous émerveillerez de la fluidité, de la spontanéité et de l'efficacité du système pour processer les tensions qu'est devenue votre équipe. Ces nouvelles conditions vous paraîtront peut-être aller de soi.

Du temps de ma société d'édition de logiciels, je me souviens d'une réunion de gouvernance de notre cercle « généralités sur l'entreprise », programmée sur deux heures, qui nous a permis de révolutionner notre système de salaires, de grandement restructurer une partie de l'organisation et d'adopter de nouvelles politiques influant sur l'ensemble de l'organisation. Aucun de ces thèmes n'a été discuté, même informellement, avant la réunion. Nous avons terminé avec une demi-heure d'avance et tous les participants ont apporté leur pierre à l'édifice (y compris du personnel de terrain en tant que second lien appartenant à des sous-cercles). Alors que la réunion était sur le point de se terminer, le facilitateur s'est excusé de ne pas avoir été pleinement à la hauteur : il avait le sentiment que la réunion avait duré plus que nécessaire. Les autres ont acquiescé. C'est uniquement en quittant la salle que j'ai pris conscience de la singularité de la situation par rapport à la plupart des organisations – voyez tout ce que nous venions d'accomplir en 90 minutes. Mais, dans une organisation maîtrisant *Holacracy*, cette restructuration et intégration rapide est la norme.

LES RÉUNIONS DE GOUVERNANCE

Lorsque je présente *Holacracy* dans mes formations, je ne m'attarde pas sur le volet théorique des processus de réunion. Je préfère répartir les participants en groupes, leur attribuer des rôles au sein d'une entreprise imaginaire et les guider à travers une série de simulations. Toutes leurs questions et objections viennent alors naturellement et des réponses sont apportées. Surtout, les participants ont un avant-goût de ce que permettent les règles et la structure. Dans ce chapitre, je vais m'efforcer de vous fournir, autant que faire se peut dans un ouvrage, à la fois une vue d'ensemble et un exemple concret de réunion de gouvernance en *Holacracy*. Je vais vous attribuer un rôle et vous guider étape par étape dans un scénario de réunion. Bien que rien ne remplace une vraie participation, j'espère que cet avant-goût vous mettra l'eau à la bouche.

Des deux sphères traitées par *Holacracy* – la gouvernance et les opérations –, je vais commencer par la première, dans la mesure où toutes les opérations d'une organisation reposent sur la structure conçue par le biais de la gouvernance. La gouvernance est fondamentale. C'est le siège du pouvoir de l'organisation. Toutes les autorités et attentes découlent du processus de gouvernance. Les règles d'une réunion de gouvernance sont nuancées, strictes et souvent les plus délicates à respecter au début. Mais elles sont essentielles. La gouvernance traite de problèmes complexes grâce à un processus « intégratif » permettant de récolter et prendre en compte la contribution des participants, sans se reposer sur l'arbitrage d'un leader. Et, pour ce que ce processus fonctionne, il faut un format de réunion très spécifique. Les réunions de gouvernance se déroulent dans chaque cercle, souvent à un rythme mensuel, et ont pour but d'affiner la structure opérationnelle du cercle.

DESCRIPTION DU RÔLE DE FACILITATEUR

Raison d'être
Des pratiques de gouvernance et d'opérations du cercle en ligne avec la constitution.

Redevabilités
- Faciliter les réunions du cercle qui sont requises par la constitution.
- Auditer les réunions et les registres des sous-cercles au besoin et déclarer une rupture de processus lorsqu'un type de comportement incompatible avec les règles de la constitution est découvert.

DESCRIPTION DU RÔLE DE SECRÉTAIRE

Raison d'être
Gérer et stabiliser les registres du cercle et le processus de tenue de ces registres.

Domaines
- Tous les registres du cercle requis par la constitution.

Redevabilités
- Organiser les réunions du cercle requises par la constitution et informer tous les membres structurels de cercle des dates et lieux.
- Saisir et publier les résultats des réunions du cercle qui sont requises et maintenir une vue compilée de la gouvernance en cours, des points de check-list et des indicateurs du cercle.
- Interpréter la gouvernance et la constitution sur demande.

Les réunions de gouvernance ont des fonctions très particulières et la constitution limite expressément les « résultats » autorisés, à savoir les types d'activités inclus et les décisions à prendre. Si un facilitateur ne parvient pas à saisir et à respecter cette restriction, il risque de miner tout le système de *Holacracy*. Voici les activités autorisées dans une réunion de gouvernance :

- Créer, modifier et supprimer des rôles au sein du cercle.
- Créer, modifier et supprimer des politiques régissant le domaine du cercle.
- Élire les membres de cercle pour remplir les rôles élus (*Facilitateur*, *Secrétaire* et *Second lien*).
- Créer, modifier et dissoudre des sous-cercles.

Avec un peu de pratique, les membres du cercle cerneront mieux les types de problème à gérer via des changements de gouvernance. Si une tâche essentielle est laissée pour compte depuis toujours et que, d'évidence, elle doit être ajoutée aux redevabilités d'un rôle donné, c'est un sujet à aborder en réunion de gouvernance. Si la relation entre deux rôles est floue, générant ainsi une tension et des problèmes de communication, elle pourra être clarifiée lors d'une réunion de gouvernance. Si la personne remplissant un rôle souhaite disposer de l'autorité nécessaire pour prendre certaines décisions ou limiter l'autorité d'autrui, ces questions peuvent également être soulevées. La stratégie marketing, les offres de produits pour l'an prochain et toute autre décision opérationnelle *ne sont pas* à traiter en réunion de gouvernance. Il s'agit là de questions opérationnelles à régler quotidiennement en dehors des réunions ou parfois au cours d'une réunion de triage. J'explique ce processus plus loin.

UN GOÛT DE GOUVERNANCE

Entrons dans la simulation d'une réunion de gouvernance. Ce scénario est typique de ceux que j'utilise souvent dans des ateliers d'introduction à *Holacracy*. Nous allons démarrer avec un exemple simple afin que vous puissiez voir comment fonctionne ce processus. Les participants de notre réunion imaginaire sont des débutants en *Holacracy*. Vous allez donc voir les difficultés auxquels sont confrontés les nouveaux adeptes lors de leurs premières réunions de gouvernance, une fois *Holacracy* adoptée, ainsi que les enseignements à tirer.

Sans plus de cérémonie, bienvenue chez Gadgets de Génie, petite entreprise qui fabrique et commercialise des gadgets de toutes sortes. Gadgets de Génie est composée d'un cercle « généralités sur l'entreprise » et de deux sous-cercles : le cercle « production » et le cercle « marketing ». Outre un premier lien et un second lien pour chacun des deux sous-cercles, le cercle « généralités sur l'entreprise » renferme les rôles *Conception gadgets*, *Relation client*, *Ventes*, *Responsable site Web* et *Finances*, chacun étant rempli par une seule personne. Comme je l'ai dit, il s'agit d'une petite entreprise.

GADGETS DE GÉNIE

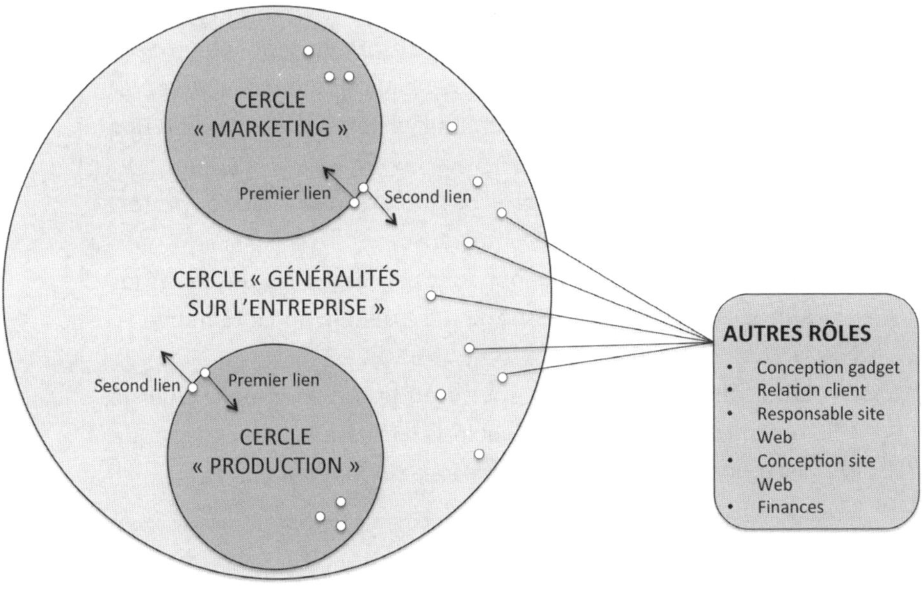

La réunion de gouvernance à laquelle vous êtes sur le point de participer se déroule au sein du cercle « généralités sur l'entreprise » (CGE). Tous ceux qui remplissent un rôle dans ce cercle sont invités à y participer, tout comme les premiers liens et seconds liens reliant le CGE à chacun de ses sous-cercles. Lors de cette réunion, vous remplissez le rôle *Ventes*. Voici une brève vue d'ensemble des différentes étapes de la réunion de gouvernance :

PROCESSUS DE LA RÉUNION DE GOUVERNANCE

1. *Tour d'inclusion*

Chacun leur tour, les participants ont un espace pour remarquer ce qui prend leur attention, l'identifier et le laisser aller. Ça ancre la réunion.

2. *Points administratifs*

Il s'agit de passer rapidement en revue les questions logistiques, telles que la durée de la réunion et les pauses prévues.

3. *Établissement de l'ordre du jour*

Les participants établissent l'ordre du jour en citant un ou deux mots par point à aborder. Chaque point de l'ordre du jour représente une tension à processer. Le facilitateur les note dans une liste.

4. *Traitement de chaque point de l'ordre du jour à l'aide du processus de prise de décision intégrative*

Les points de l'ordre du jour sont processés, les uns après les autres, à l'aide du processus de prise de décision intégrative.

5. *Tour de clôture*

Une fois l'ordre du jour épuisé ou le temps imparti pour la réunion sur le point d'être écoulé, le facilitateur permet à chaque personne de partager ses réflexions sur la réunion.

➲ 1. Tour d'inclusion

La réunion s'ouvre avec un tour d'inclusion. Chaque membre de cercle est invité à brièvement identifier et faire part aux autres ce qui retient son attention à l'instant présent. Le but est d'être plus présent et concentré, en révélant la présence d'éventuelles distractions – succession de pensées, gênes physiques ou états émotionnels. Ce tour d'inclusion offre un contexte aux autres membres de l'équipe. Ainsi, si vous n'affichez pas votre grâce habituelle, ils auront une idée de ce qui se passe et des raisons de votre attitude.

On peut presque tout dire au cours de ce tour d'inclusion. Une personne n'est pas dans son assiette. Le membre de cercle affecté au rôle *Relation client* vient de déposer son chien chez le vétérinaire et s'inquiète pour lui. Le membre du cercle remplissant le rôle *Conception gadgets* est distrait par une échéance qui tombe le lendemain et souhaite que l'on termine la réunion rapidement. Les autres se sentent bien ou n'ont aucun tracas en particulier. Il n'est pas obligatoire de révéler ce qui vous met mal à l'aise, mais prendre conscience de ce que vous avez à l'esprit et le partager est un excellent moyen pour tout le monde de se rendre présent.

Le tour d'inclusion ne saurait être le moment d'entamer des discussions. En fait, la mission du facilitateur est de protéger cet « espace sacré » en n'autorisant aucune discussion ni réponse. Cela peut s'avérer difficile, mais résistez à la tentation d'exprimer de l'empathie ou de dispenser des conseils. Ce n'est tout simplement pas le moment. Cette règle permet également aux participants d'être spontanés, sachant qu'ils ne déclencheront pas une réaction indésirable ou une intrusion dans leur vie privée. Une fois le tour d'inclusion terminé, l'équipe doit être plus présente et concentrée, prête à passer à la phase suivante du processus.

➔ 2. Points administratifs

Très brièvement, le facilitateur aborde les aspects pratiques de la réunion. Par exemple, elle ne durera que 90 minutes et un membre de cercle doit partir plus tôt. Cette phase doit rester brève et purement administrative, sans aucune place pour autre chose.

➔ 3. Établissement de l'ordre du jour

À ce stade, le moment est venu de définir concrètement l'ordre du jour de la réunion car aucun point n'est prévu à l'avance. N'importe quel membre de cercle peut ajouter un point à l'ordre du jour afin de tenter de processer une tension et de modifier ainsi la gouvernance du cercle. L'étape d'établissement de l'ordre du jour n'est cependant pas l'occasion pour les participants d'*expliquer* leurs tensions. Chaque point s'exprime seulement en un ou deux mots, sous peine que le facilitateur vous coupe la parole. Par exemple, le premier lien « marketing » a une tension liée à l'envoi de ses newsletters car le site Web vers lequel renvoient les liens de la newsletter ne comporte pas d'informations sur les nouveaux gadgets commercialisés. Mais, pour « marketing », ce n'est pas le moment de détailler ce problème. Elle ajoutera simplement « actualisation site » à l'ordre du jour pour désigner cette tension.

Dans votre rôle *Ventes*, vous avez une tension concernant le prix des gadgets, jugé trop élevé par les clients. Vous ajoutez « prix gadgets » à l'ordre du jour. Une fois tous les points souhaités ajoutés à l'ordre du jour, le facilitateur invite le groupe à les processer, un par un, via le « Processus de prise de décision intégrative ».

➔ 4. Prise de décision intégrative

LE PROCESSUS DE PRISE DE DÉCISION INTÉGRATIVE EN BREF

Présenter la proposition → *Qui parle ? Uniquement le proposeur, à moins que celui-ci demande de l'aide.*
Le proposeur a un espace pour décrire une tension et formuler une proposition pour la traiter, sans discussion. Il peut éventuellement demander une discussion, simplement pour l'aider à faire une première proposition, mais pas pour parvenir à un consensus ou intégrer les préoccupations de tout le monde.

Questions de clarification → *Qui parle ? Quelqu'un pose une question, le proposeur répond, pause ; recommencer.*
N'importe qui peut poser une question visant à obtenir des informations ou à comprendre. Le proposeur peut répondre ou dire « ce n'est pas spécifié dans la proposition ». Les réactions et dialogues ne sont pas autorisés.

Tour de réaction → *Qui parle ? Chacun à son tour, sauf le proposeur.*
Chacun à son tour a la parole pour réagir à la proposition comme bon lui semble sans engager avec le proposeur. Les réactions sont exprimées à la 1re ou 3e personne. Pas de discussion, ni de réaction aux réactions.

Amender et clarifier → *Qui parle ? Seulement le proposeur.*
Le proposeur peut éventuellement clarifier l'intention de la proposition, modifier la proposition sur la base des réactions ou simplement poursuivre. Aucune discussion n'est autorisée.

Tour d'objection → *Qui parle ? Chacun à son tour, proposeur inclus.*
Le facilitateur demande : « Voyez-vous une raison qui fait que l'adoption de cette proposition causerait du tort ou nous ferait régresser ? » (une « objection »). Les objections sont formulées, testées et notées sans aucune discussion. La proposition est adoptée si aucune objection n'est formulée.

Intégration → *Qui parle ? Surtout l'objecteur et le proposeur. Les autres peuvent aider.*

→

Intégrez chacune des objections, une à la fois. L'objectif est d'amender la proposition juste ce qu'il faut pour qu'elle traite les deux tensions sous-jacentes – l'objection d'une part et celle de la proposition d'origine d'autre part. Lorsque toutes les objections listées sont traitées, revenir à l'étape « Tour d'objection » sur la base de la nouvelle proposition.

En tant que *ventes*, vous avez ajouté le point « prix gadgets » à l'ordre du jour. Le moment est venu de le processer. Vous êtes d'abord invité à **présenter votre proposition** et, si vous le souhaitez, la tension sous-jacente. Si vous n'avez pas de proposition, vous pouvez faire part de la tension et demander une discussion ouverte afin de vous aider à formuler une première proposition. Mais, dans notre scénario, vous connaissez la solution à votre tension : « Je propose que nous diminuions de cinquante pour cent le prix de notre gadget de base ». En guise d'explication, vous faites part de la tension : « J'entends constamment nos clients se plaindre du prix trop élevé. Ce gadget de base est censé favoriser la vente de nos gadgets plus sophistiqués. Mais s'il est trop cher et ne séduit pas de nouveaux clients, il ne joue pas son rôle. » Le secrétaire note mot pour mot votre proposition pour que tout le monde puisse la voir.

Une fois votre proposition sur la table, le facilitateur passe à l'étape suivante et permet à n'importe qui de poser des **questions de clarification**, dont le seul but est de comprendre votre proposition ou la tension sous-jacente. Ce n'est toujours pas le moment d'engager une discussion ou de répondre. Lorsque *Finances* commence à s'exclamer « pourquoi cinquante pour cent ? C'est une suggestion ridicule ! », le facilitateur lui coupe la parole avant qu'il ait pu terminer sa phrase, le ton de sa voix indiquant immédiatement qu'il s'agit d'une réaction ou d'une opinion et non d'une question de clarification. Supposons que le premier lien demande : « Ne penses-tu pas qu'une baisse de prix pourrait nuire à notre rentabilité ? » Le facilitateur rejette l'intervention et lui coupe la parole car il s'agit d'une réaction déguisée en question. Tout ce qui envoie une opinion au proposeur est probablement une réaction. Les questions de clarification sont uniquement destinées à obtenir des informations de la part du proposeur. Lorsque le rôle *Conception gadgets* demande si la proposition concerne uniquement le prix unitaire ou également les prix de gros, c'est une question pertinente. Cependant, en tant que proposeur, vous pouvez toujours répondre « ce n'est pas spécifié dans la proposition » à une question de clarification. Ainsi, vous ne vous sentez pas pressé d'apporter des réponses.

Une fois les questions de clarification épuisées, le facilitateur passe à l'étape suivante, le **tour de réaction**, au cours duquel chaque personne formule ses réactions à la proposition. Tout est autorisé, sauf les discussions et les réponses entre participants. Vous pouvez dire : « Je suis complètement d'accord – j'adore cette idée ! », ou « Je pense que c'est de la folie ! » Au cours de ce tour de réaction, le commentaire de *Finances* sur le côté ridicule de la suggestion de baisse de prix, rejeté car formulé sous la forme d'une question de clarification, est ici le bienvenu. Quelqu'un peut avoir une conception différente ou critiquer cette façon de traiter la tension à l'origine de la proposition. Encore une fois, on ne répond pas et on ne rebondit pas sur les réactions formulées, quelles qu'elles soient. Le tour de réaction se poursuit, une personne à la fois, chaque participant, à l'exception du proposeur, ayant une occasion (et une seule) de réagir.

Une fois le tour de réaction terminé, le facilitateur revient vers vous, proposeur, afin de vous permettre **d'amender et de clarifier** votre proposition en fonction des questions ou des réactions. Le facilitateur vous encourage également à vous montrer « égoïste » eu égard à votre rôle et à ignorer les réactions qui ne vous semblent pas pertinentes. Le but de cette étape n'est pas d'intégrer les réactions de tout le monde mais de procéder aux changements susceptibles de vous aider à mieux traiter votre tension. C'est aussi l'occasion de clarifier les incompréhensions ou d'ajouter des informations pouvant aider les autres à mieux comprendre votre proposition et ce qui la motive. Enfin, en tant que *Ventes*, vous décidez de clarifier un peu plus l'intention justifiant cet ajustement de prix et de modifier la formulation de votre demande afin de préciser qu'elle ne concerne que le prix unitaire.

Une fois votre proposition modifiée notée par le secrétaire, le facilitateur passe au **tour d'objection**. Il demande alors successivement à chaque personne si elle a des « objections » à votre proposition. Une objection est une *raison concrète qui fait que l'adoption de la proposition causerait du tort ou ferait régresser le cercle.* Les objections sont formulées sans discussion ni question et notées par le facilitateur. Si aucune objection n'est émise, la proposition est adoptée. Dans notre exemple, *Finances* émet une objection. Il dit que les gadgets ne seront pas rentables si le prix de vente est divisé par deux, ce qui serait néfaste pour l'organisation. Le facilitateur consigne l'objection et poursuit. *Relation client* émet à son tour une objection : « Nous devons prendre également en compte la tarification de nos services de support à long terme, qui est trop élevée. Notre stratégie de prix doit être plus cohérente. »

Le facilitateur fait une pause sur ce commentaire, car ça ressemble à un problème lié à cette tension, qui devrait aussi être abordé, mais ce n'est pas forcément une raison pour dire que la proposition de baisse de prix des gadgets risque de faire régresser le cercle. « Est-ce une raison qui fait que l'adoption de cette proposition spécifique va nous causer du tort ou est-ce simplement quelque chose d'autre que l'on devrait considérer ? », demande le facilitateur. *Relation client* se rend compte que c'est un autre point à traiter. L'objection est donc abandonnée et le facilitateur décide d'ajouter la tension de *Relation client* à l'ordre du jour pour que l'on traite les points un par un – nous étudierons ce qui motive cette décision au chapitre 6. Le facilitateur poursuit le tour d'objections et en émet une lui-même : « Résultat de gouvernance non valide ».

Qu'est-ce que cela signifie ? Dans sa forme actuelle, selon les termes de la constitution, la proposition ne saurait être adoptée au cours d'une réunion de gouvernance. Souvenez-vous, la gouvernance consiste à définir et amender les rôles, ainsi qu'à créer des politiques. Fixer le prix d'un service est une question opérationnelle. Vous l'aviez peut-être déjà remarqué et vous vous demandiez pourquoi j'avais choisi une proposition non valide. Eh bien, je l'ai fait parce que cela illustre l'une des leçons les plus importantes à tirer lors de l'adoption de *Holacracy* : ce qu'est et ce que n'est pas la gouvernance. Je rencontre sans cesse des situations telles que celle-ci lorsque je facilite de nouveaux praticiens en *Holacracy* et c'est l'un des premiers défis à relever pour un facilitateur fraîchement émoulu.

Et maintenant ? Est-ce que le facilitateur écarte simplement la proposition ? Pas du tout – cela ne fait pas partie de ses prérogatives et risquerait de nuire au processus. En fait, cette proposition est une *contribution* valide mais pas un *résultat* valide. Lorsqu'une proposition est énoncée sous une forme inadaptée à la gouvernance, c'est l'occasion d'approfondir le sujet. Voilà également pourquoi le facilitateur n'a pas simplement écarté la proposition au début et orienté les participants vers une réunion opérationnelle. Cela ne vous aurait pas permis de découvrir qu'un problème de gouvernance était à la base de votre tension. Si vous saviez précisément qui est chargé de fixer les prix et dispose de l'autorité nécessaire pour les modifier, vous n'auriez très certainement pas ressenti le besoin de proposer cette décision à tout le groupe. Mais, en passant rapidement en revue les registres de gouvernance du cercle, vous constaterez que personne n'est explicitement redevable de fixer les prix. Une clarification s'impose donc. Quel rôle possède l'autorité nécessaire pour décider des prix à appliquer et quelles sont les redevabilités associées à ce rôle ? *Voilà* un sujet de gouvernance.

Par conséquent, une fois cette objection formulée, le facilitateur ouvre la phase d'**intégration** et commence par aborder cette objection en demandant, « Que pouvons-nous ajouter à cette proposition ou comment pouvons-nous la modifier de façon à traiter cette objection ? » Il s'ensuit une discussion ouverte, l'objecteur clarifiant son objection si nécessaire et proposant des modifications pour y répondre et le proposeur jugeant si, avec ces modifications, on répondrait toujours à la tension d'origine.

Dans ce cas précis, l'objection est claire : la fixation des prix n'est pas un sujet de gouvernance. Vous sollicitez donc l'aide du groupe afin de créer une proposition modifiée qui reste dans le cadre de la gouvernance, tout en traitant votre tension :

> *Créer un nouveau rôle :* Gestion des prix
>
> *Redevable de : Rechercher et sélectionner des modèles de prix rentables afin de toucher le marché cible défini par* Marketing.

Cette nouvelle proposition ne renferme plus la décision opérationnelle consistant à baisser les prix de cinquante pour cent. Elle définit les redevabilités et autorités nécessaires pour cerner la bonne décision opérationnelle. C'est donc un résultat valide en termes de gouvernance et l'objecteur est d'accord avec la proposition modifiée (elle traite son objection).

Une fois cette objection traitée, le facilitateur passe à l'objection émise par *Finances* concernant l'impact sur la rentabilité. Mais, dans la mesure où la proposition modifiée n'implique plus une décision précise, l'objecteur retire rapidement son objection, satisfait de constater que la création d'un nouveau rôle de *Gestion des prix* chargé de définir un modèle rentable ne nuira pas à l'entreprise. Une fois les diverses objections traitées ou abandonnées, le facilitateur met un terme à la phase d'intégration et refait un tour d'objection afin de voir s'il existe des objections à la proposition modifiée. Si aucune autre objection n'est émise, la proposition est adoptée comme faisant partie de la gouvernance officielle du cercle et un nouveau rôle est ainsi créé.

Une fois votre tension traitée avec clarté, vous pouvez vous détendre, sachant que vous pourrez émettre des objections si une autre proposition menace l'avancée obtenue. Les autres points de l'ordre du jour sont processés et, quand le temps imparti pour la réunion est sur le point d'être écoulé, le facilitateur entame un **tour de clôture**. Chaque participant a alors la possibilité de partager ses réflexions sur la réunion. Là encore, chaque personne s'exprime à tour de rôle, mais aucune discussion ni réaction n'est autorisée. La réunion se termine dès que le dernier participant a fini de s'exprimer.

J'espère que cet exemple vous a donné un bon aperçu de cette notion de gouvernance, souvent invisible mais fondatrice. Vous connaissez désormais la mécanique de la réunion de gouvernance. Parmi l'éventail de propositions et d'intégrations que l'on retrouve dans une réunion de gouvernance, cet exemple était assez simple. Il faut parfois des propositions plus complexes pour résoudre une tension, avec de multiples modifications touchant rôles et politiques, de nombreuses objections, valides comme invalides, étant souvent émises. Nous verrons dans le chapitre 6 comment tester la validité des objections et gérer les comportements perturbateurs risquant de fausser le processus de gouvernance. Pour l'heure, gardez simplement ceci à l'esprit : les réunions de gouvernance concernent l'évolution du modèle et de la structure de l'organisation – à savoir comment nous allons travailler ensemble –, et non des activités particulières ou la prise de décisions concernant des problèmes bien précis.

Cela ne signifie pas que nous évitons de parler de problèmes opérationnels au cours de ces réunions. Les propositions de gouvernance sont généralement inspirées par des besoins ou événements opérationnels, comme dans l'exemple ci-dessus. Quand quelque chose ne s'est pas déroulé comme prévu, il y a peut-être une amélioration à découvrir au cours d'une réunion de gouvernance. Pour générer un résultat de gouvernance valide lorsque des questions opérationnelles sont soulevées, la clé est de remettre l'accent sur la structure de base et non les problèmes particuliers – à savoir sur les rôles concernés et la raison d'être, les redevabilités ou domaines de chacun d'entre eux. Bien que l'établissement des prix ne puisse se décider en réunion de gouvernance, c'est au cours de cette dernière que l'on décide du rôle responsable de la prise de décision, du rôle chargé du modèle de fixation des prix ou des rôles à consulter avant de modifier la grille tarifaire. Pour qu'une organisation fonctionne en toute fluidité, il est essentiel de clarifier ces questions. Sans un espace clairement dédié à la gouvernance, on se laisse facilement happer par le fonctionnement quotidien, sans veiller sur la gouvernance. Et l'organisation continue alors de fonctionner selon ses vieux schémas. Des réunions de gouvernance régulières permettent de modifier ces schémas et de grandement améliorer la clarté et l'agilité de l'organisation.

LES REGISTRES DE GOUVERNANCE : L'ADN DE VOTRE ORGANISATION

Les registres de gouvernance de votre organisation détaillent la structure de cette dernière et peuvent servir à identifier les attentes et autorités de chaque rôle. Dans une organisation pratiquant de manière satisfaisante *Holacracy*, la plupart des gens consultent régulièrement ces registres, voire plusieurs fois par jour. Si ces registres ne sont pas clairement rédigés ni accessibles facilement, c'est tout le système qui risque d'en pâtir. À condition que la configuration soit satisfaisante, vous pouvez utiliser un site Web collaboratif ou un Intranet, mais un outil plus structuré est généralement préférable. HolacracyOne propose un logiciel Web appelé GlassFrog (pour en savoir plus, rendez-vous sur glassfrog.com – site en anglais). Même si, au final, vous décidez d'utiliser un autre outil, une visite du site de GlassFrog vous aidera à comprendre les éléments incontournables d'une bonne plateforme pour *Holacracy*.

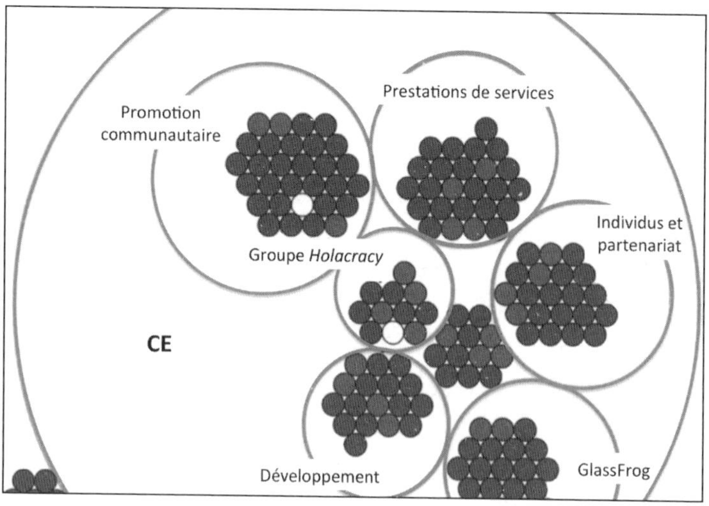

LES RÉSULTATS DE GOUVERNANCE

Bien que les réunions de gouvernance soient utiles pour intégrer les différents points de vue et apporter de la clarté, les vrais changements se vérifient à travers la façon dont les résultats façonnent l'activité au quotidien après ces réunions. Les rôles et politiques générés par la gouvernance sont les clés du système d'autorité distribuée de *Holacracy* et l'ADN de l'organisation. Mais tout ceci disparaît si les personnes concernées ne comprennent pas l'autorité associée à leurs rôles. Heureusement, la simple règle suivante vous aidera à retenir la signification profonde de la définition des rôles et à percevoir la clarté associée :

> *Lorsque vous héritez d'un rôle, vous obtenez l'**autorité** de mener toute action que vous jugez utile pour exprimer la **raison d'être** de ce rôle ou énergiser l'une de ses **redevabilités** du mieux que vous le pouvez, en fonction des ressources disponibles, tant que vous n'empiétez pas sur le **domaine** d'un autre rôle.*

Voici un exemple concret pour bien cerner le mécanisme : à un moment chez HolacracyOne, le cercle « promotion » comportait un rôle affectueusement baptisé *Papillon des réseaux sociaux*, dont la raison d'être était de « féconder le Web à coup d'*Holacracy* ». Parmi ses redevabilités multiples figurait « créer ou sous-traiter la création de contenus faciles à exploiter et intéressants pour notre marché, puis les mettre en ligne sur les réseaux sociaux et les sites Web participatifs ».

Ce rôle a vu le jour à l'occasion d'une réunion de gouvernance de notre cercle « promotion ». Le premier lien de « promotion » a affecté Olivier, l'un de nos associés, à ce rôle. Olivier peut donc se servir de son jugement pour déterminer les actions à même de servir au mieux la raison d'être du rôle ou d'exprimer sa redevabilité. Il possède toute l'autorité nécessaire pour mener ces actions à bien – sans avoir besoin de l'aval de quiconque –, à moins que ses actions exercent un contrôle sur le domaine d'un autre rôle.

PAPILLON DES RÉSEAUX SOCIAUX

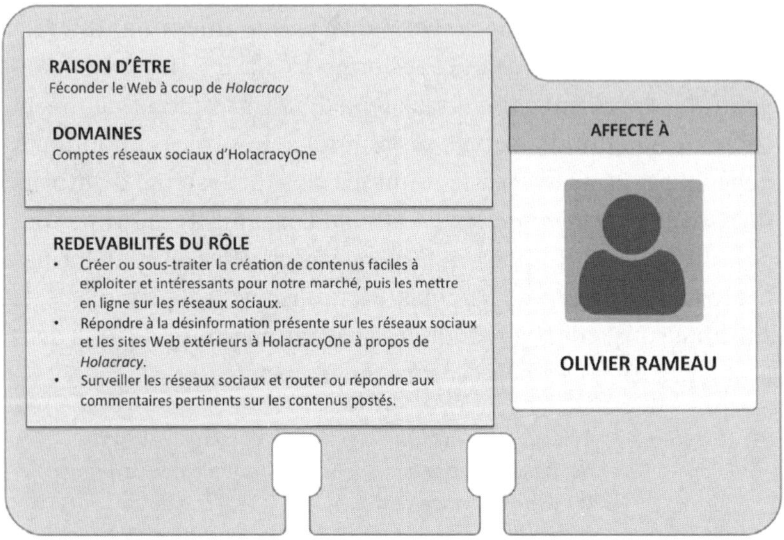

Donc, en tant que *Papillon des réseaux sociaux*, Olivier peut librement décider de poster des commentaires sur le blog d'un internaute traitant de *Holacracy*. Mais il ne pourrait pas, par exemple, ajouter le lien de notre compte Facebook sur les diapositives utilisées dans le cadre de notre formation de certification, car le domaine « Diapositives de la formation de certification » a été attribué au rôle *Conception des programmes* lors d'une autre réunion de gouvernance. L'autorité d'Olivier dans son rôle *Papillon des réseaux sociaux* est donc limitée – il ne pourra mener cette action qu'après avoir reçu l'autorisation de *Conception des programmes*. À l'inverse, les autres membres de notre équipe peuvent mener des actions qu'ils jugent utiles pour exprimer la raison d'être et les redevabilités de leurs rôles, mais s'ils souhaitent ajouter un contenu sur notre page Facebook, ils ont besoin de l'autorisation d'Olivier car ce rôle couvre le domaine « Comptes réseaux sociaux d'HolacracyOne ».

Vous pouvez ainsi considérer un domaine comme un droit de propriété. Cela nous conduit à une autre règle d'or de *Holacracy* : vous êtes libre de faire ce que vous souhaitez avec le domaine associé à votre rôle, sauf d'exercer un quelconque contrôle sur la propriété du voisin sans sa permission. Cela vaut également pour les cercles : si un cercle s'est vu attribuer le contrôle d'un domaine et qu'il n'a pas délégué celui-ci à l'un de ses rôles, ledit domaine est considéré comme la « propriété commune » de tous les rôles du cercle. Par conséquent, n'importe lequel de ces rôles peut exercer un contrôle dessus. Ce domaine s'apparente à la voiture de la famille. Les membres de la famille peuvent la prendre comme ils l'entendent, mais le voisin a besoin de votre autorisation pour la conduire.

QU'EST-CE QU'UNE « POLITIQUE » ?

Les premières composantes de gouvernance définissant le fonctionnement d'un cercle sont ses rôles et les éléments qui déterminent ces rôles et que nous avons déjà abordés : la raison d'être, les domaines et les redevabilités. Mais il existe un autre résultat de gouvernance qui vaut la peine d'être défini : une politique. La constitution de *Holacracy* donne à ce terme une définition spéciale qui *exclut* ce que la plupart des gens entendent par « politique ». En *Holacracy*, une « politique » « limite ou accorde de l'autorité pour impacter le domaine d'un cercle ou d'un rôle ». Ainsi, lorsqu'un cercle contrôle un domaine (sa propriété), le cercle peut définir, lors d'une réunion de gouvernance, une politique autorisant des rôles extérieurs à impacter cette propriété ou empêchant ses propres rôles à impacter cette propriété d'une certaine façon.

Prenons un exemple. Une entreprise avec laquelle j'ai collaboré, qui publiait des contenus, possédait un cercle « marketing » avec le domaine « Site Web de l'entreprise ». Normalement, cela empêchait des rôles situés en dehors de ce cercle de toucher au site Web. Mais le cercle « marketing » a décidé d'adopter une politique, à l'occasion d'une réunion de gouvernance, autorisant certains rôles extérieurs à modifier des contenus bien précis. Par exemple, un cercle organisant des événements avait la possibilité de mettre à jour sur le site Web des informations concernant ces manifestations. Le cercle « marketing » pouvait également, s'il le jugeait utile, adopter une politique limitant les modifications que ses rôles pouvaient apporter au site Web. Par exemple, une politique pourrait empêcher quiconque de poster un contenu sans l'aval d'un rôle *Responsable site Web.* Cependant, les politiques ne sont pas le bon outil pour la plupart des décisions, à part pour accorder ou limiter l'autorité sur un domaine. Les politiques ne doivent pas servir à prendre des décisions opérationnelles précises, telles que fixer des prix, ou à opter pour une orientation générale. La plupart du temps, ces cas ne répondent pas à la définition d'une politique en *Holacracy* et ne sont pas un résultat de gouvernance valide. En outre, méfiez-vous des politiques qui devraient être considérées comme des redevabilités. Une politique peut limiter ce que des rôles peuvent *choisir* de faire ou la façon dont elles envisagent d'agir, mais si elle stipule qu'un tel doit *absolument* faire telle chose, il s'agit alors d'une redevabilité et non d'une politique.

À l'instar du cercle qui définit des politiques lors des réunions de gouvernance, le rôle peut lui aussi décider d'en définir. C'est possible si le rôle contrôle un domaine. Par exemple, si le cercle « marketing » de la société d'édition octroie à son rôle *Responsable site Web* le domaine « site Web de l'entreprise », il délègue en réalité l'autorité du cercle pour gérer ce domaine au rôle *Responsable site Web.* Le membre de cercle remplissant le rôle *Responsable site Web* dispose alors du pouvoir nécessaire pour créer ou modifier des politiques afin de gérer le site web, en dehors des réunions de gouvernance du cercle (ou plutôt au cours de ses propres réunions de gouvernance, rassemblant sa seule personne). Le cercle pourra par la suite annuler la délégation de ce domaine en l'enlevant du rôle *Responsable site Web*, mais tant que celle-ci est en vigueur, il incombe au rôle *Responsable site Web* de contrôler le site web et de définir les politiques indiquant qui peut le modifier et comment.

LA RÈGLE DE L'ACTION INDIVIDUELLE

Quelle que soit la clarté organisationnelle créée par la gouvernance, surviendront des situations nécessitant une réaction urgente en dehors des limites normales de l'autorité d'un rôle. Que faire dans ce cas, quand vous n'avez pas le temps de consulter les autres et encore moins d'organiser une réunion de gouvernance ? Je me suis par exemple retrouvé à inciter une autre entreprise à enregistrer rapidement un nom de domaine essentiel pour un site Web. À l'époque, ma société avait une politique stipulant que toutes les acquisitions de nom de domaine étaient du ressort du rôle *Informatique*. Mais nous étions le week-end. Et, si j'attendais jusqu'au lundi, je risquais de louper le coche. Plus récemment, une collègue a débarqué et modifié la disposition de la salle lors d'un événement, afin de veiller au confort des participants, même si aucun de ses rôles n'avait l'autorité nécessaire pour procéder ainsi. Elle savait qu'elle marchait sur les plates-bandes d'un autre rôle, mais elle ressentait une tension, ne parvenait pas à joindre la personne remplissant le rôle et a donc décidé que le changement de salle était la chose à faire pour aider l'entreprise.

Dans ce genre de cas, la constitution de *Holacracy* autorise une « action individuelle ». Concrètement, il existe une règle indiquant comment enfreindre les règles. La règle de l'action individuelle stipule qu'il est possible d'agir en dehors des limites de votre autorité formelle, sans que cela soit considéré comme une violation de la constitution, à condition : (1) que vous estimiez que l'action traitera, au bénéfice de l'organisation, plus de tensions qu'elle n'en créera, (2) que vous n'ayez pas le temps de demander à d'autres rôles les autorisations normalement nécessaires et (3) que l'action n'engage pas les ressources ou actifs de l'organisation au-delà de vos prérogatives. Il s'agit là d'une version abrégée. Tous les détails figurent dans la constitution.

Cette autorisation d'agir en dehors des règles s'accompagne de certaines exigences corollaires. Si vous menez une action individuelle, vous consentez à en informer les autres rôles concernés et, à leur demande, à prendre toute mesure nécessaire pour régler la ou les tensions créées par votre action initiale. Si vous menez régulièrement la même action individuelle, vous consentez également à proposer, lors d'une réunion de gouvernance, d'ajouter cette action à un rôle en tant que redevabilité, afin que ce schéma entre de manière appropriée dans la structure de l'organisation. Mais vous pouvez également trouver un autre moyen de cesser d'agir en dehors de la structure formelle.

DES FONDATIONS FAMILIÈRES

Pour obtenir un tout cohérent, la constitution de *Holacracy* a importé deux éléments fondateurs de nos sociétés humaines dans nos organisations : la **primauté du droit**, via le processus de gouvernance défini, et les **droits de propriété**, par le biais de domaines clairement définis et répartis entre les différents rôles. Ces caractéristiques favorisent une autonomie interconnectée que l'on connaît dans la vie de tous les jours au sein de nos sociétés, mais à une différence cruciale près : bien qu'un domaine accorde à *votre rôle* un droit de propriété, il ne *vous* en accorde aucun personnellement. Lorsque vous choisissez d'accepter un rôle au sein d'une organisation ayant adopté *Holacracy*, votre responsabilité est celle d'un intendant. Vous ne contrôlez pas le rôle dans votre intérêt mais dans celui du rôle en question. Votre mission est de contrôler sa propriété et d'utiliser son autorité pour le bien de sa raison d'être – laquelle sert la raison d'être du cercle, laquelle sert ensuite la raison d'être de l'organisation. À l'instar d'un parent élevant un enfant, en tant que responsable d'un rôle, vous avez un devoir sacré, guider les pas d'autrui dans le monde. C'est un acte d'amour, vous rendez service, pas dans votre intérêt, mais de votre propre gré.

5

LES OPÉRATIONS

> *Une fois obtenues, les choses perdent leur prix : l'âme du plaisir est dans la poursuite.*
>
> WILLIAM SHAKESPEARE, *Troilus et Cressida*

Voici un conseil que j'ai découvert lorsque je travaillais dans le petit univers de l'édition de logiciels selon les méthodes *lean* : « Ralentir pour mieux accélérer ». Faire de la gouvernance, c'est ralentir. Vous prenez du recul par rapport au travail quotidien afin d'améliorer le modèle de l'organisation, tout en prenant le temps d'intégrer de nombreux points de vue et d'honorer chacun d'eux. Mais vous prenez du recul afin d'accélérer les opérations et c'est précisément ce que permet une bonne gouvernance : faire en sorte que le travail s'effectue, jour après jour, bien plus efficacement, de façon efficiente et avec une plus grande productivité. Cela vous offre une meilleure compréhension de vos redevabilités et de votre autorité. Ainsi, en sachant ce que l'on attend de vous et ce que vous pouvez attendre des autres, vous serez à même de mieux remplir vos rôles. Une bonne gouvernance vous épargne le gâchis que l'on retrouve dans les organisations conventionnelles au schéma descendant reposant sur la prévision et le contrôle, dans lesquelles de nombreuses heures sont perdues à cause de la confusion qui règne. Et les salariés peuvent ainsi trouver leur propre motivation intrinsèque et bénéficier de l'autonomie et de l'autorité nécessaires pour agir en conséquence. Se libère alors tout le potentiel d'un personnel vraiment responsabilisé dans son travail.

Avec une gouvernance claire, vous n'avez plus besoin d'attendre que l'on vous dise quoi faire, d'obtenir une validation ou de rechercher le consensus pour faire avancer un projet : vous connaissez vos redevabilités et auprès de qui vous devez obtenir des contributions. Une gouvernance claire vous incite à utiliser votre meilleur jugement pour énergiser votre rôle et effectuer votre travail. Et lorsque ces facteurs ne sont pas aussi clairs que vous le souhaiteriez, vous pouvez vous servir de votre jugement afin de combler de façon temporaire les vides, puis vous rendre à la prochaine réunion de gouvernance afin de clarifier les choses avec votre équipe.

En *Holacracy*, le royaume des opérations correspond à tout ce qui se produit hors gouvernance. C'est l'utilisation de la structure définie en gouvernance pour remplir les rôles et exécuter les tâches. Il s'agit également de coordonner efficacement ce travail avec les autres membres de l'équipe, sur la base des rôle-ations déterminées par la gouvernance. Si l'exécution de votre travail dépend de l'intervention d'autres personnes, vous pouvez consulter les registres de gouvernance afin de connaître leurs redevabilités et de savoir ce que vous pouvez attendre d'elles. Si vous souhaitez mener une action mais n'êtes pas certain d'y être habilité, les registres de gouvernance vous diront de quelle autorité vous jouissez pour agir seul et de quelles contraintes vous devez tenir compte. Et si vous avez bien l'autorité nécessaire pour agir mais craignez que votre intervention ne crée des tensions pour autrui, il est bien plus sûr et préférable de prendre une action lorsque vous savez que les éventuelles tensions générées seront transformées en enseignements lors de la prochaine réunion de gouvernance – et lorsque votre équipe a pu s'exprimer au moment où on vous a octroyé cette autorité.

Au sein de la structure fondatrice créée par la gouvernance, *Holacracy* offre davantage de distinctions, règles et processus légers opérationnels qui aident une équipe à effectuer son travail et à exprimer ses rôles. Avec un peu d'expérience, vous obtiendrez un niveau de productivité particulièrement remarquable. Alexis Gonzales-Black l'a joliment illustré quand je l'ai interrogée sur la progression de son équipe chez Zappos. Elle remplit plusieurs rôles au sein du cercle « facilitation de *Holacracy* », qui a lancé le projet assez important de former des facilitateurs internes et de contribuer à la création de plus de quatre cents nouveaux cercles au cours de la mise en place de *Holacracy* chez Zappos. Alexis m'a confié que « les résultats de ce cercle sont stupéfiants, avec un nombre de facilitateurs certifiés qui est passé de 0 à 63 en moins de huit mois, la création et la mise en œuvre de programmes et politiques de contrôle qualité et le regroupement des responsables de la mise en œuvre dans chaque département, qui sont sur la bonne voie pour que l'ensemble de l'entreprise fonctionne selon le modèle *Holacracy* d'ici la fin de l'année. Le plus bluffant, c'est que la plupart des personnes affectées aux rôles ne consacrent qu'environ 5 % de leur temps aux travaux de ce cercle particulier. La faculté de ces personnes de ne consacrer qu'une petite partie de leur temps de travail, tout en accomplissant ces prouesses, témoigne vraiment de la qualité de *Holacracy*. »

Nous allons maintenant nous pencher sur certains processus et règles structurels permettant ce genre de productivité, en continuant d'approfondir l'univers des opérations à la mode *Holacracy*.

LES BASES

Pour avancer du mieux possible, il est préférable de bien comprendre les résultats à atteindre et les prochains pas à entreprendre pour y parvenir. La constitution définit un « projet » comme un résultat à atteindre et une « prochaine action » comme une action concrète et physique qui pourrait être exécutée immédiatement en l'absence de tout conflit de priorités. Pour ces définitions, je suis redevable à David Allen, l'auteur de *S'organiser pour réussir – La méthode GTD ou l'art de l'efficacité sans le* *stress*, qui m'a appris une grande partie de ce que je sais sur une organisation individuelle efficace et dont les travaux ont grandement influé sur le développement de *Holacracy*. Comme l'explique David : « On ne fait pas un projet : on exécute des actions qui y sont liées. Quand on a exécuté un certain nombre d'actions suivantes bien choisies, on parvient à une situation correspondant suffisamment à l'idée initiale qu'on avait du résultat pour qu'on puisse considérer le projet comme achevé. »*

Pendant un moment, par exemple, mon garage était en désordre complet et j'ai décidé que ma prochaine action serait de « ranger mon garage ». Mais quand j'avais un peu de temps libre, au cours duquel j'aurais pu m'occuper de mon garage, je souffrais d'un blocage psychologique – je me sentais débordé et mon attention se portait sur tout sauf mon garage. Mon problème, c'était que « ranger mon garage » n'était pas une prochaine action. C'était un résultat que je souhaitais atteindre et qui nécessitait la réalisation de plusieurs actions concrètes. C'est ça, un projet. Et ce projet me paraissait insurmontable car je n'avais pas mené le travail de réflexion nécessaire pour identifier une prochaine action concrète susceptible de le faire avancer. J'ai souvent remarqué que l'esprit humain résiste obstinément à faire preuve de clarté, jusqu'à ce que la conscience le force à y parvenir et ma volonté n'était pas à son maximum lorsque je regardais mon garage en désordre. Comme l'indique David, « La plupart des gens résistent à la création de leurs projets comme on se méfie de la peste. Les visionnaires ont du mal à traduire leurs idées de génie en élément concret. Et les personnes très occupées n'aiment pas devoir définir ce qu'ils essaient d'accomplir avec toute leur activité. Il est pourtant essentiel et très fonctionnel de dresser une liste concrète, de façon à ne pas se retrouver submergé par la dure réalité de la vie. »**

---

* David Allen, *S'organiser pour réussir – La méthode GTD ou l'art de l'efficacité sans le stress*, traduit par Alain et Myria Bories, Leduc.s, Paris, 2015, p. 81.
** David Allen, newsletter « Productive Living », http://gettingthingsdone.com/newsletters/archive/0713.html, 18 juillet 2013 (en anglais).

Une fois le « nettoyage du garage » perçu comme un projet, j'étais libre de découvrir ma prochaine action concrète. Voici comment s'est articulée ma réflexion : « Dans ce garage, j'ai plein de cartons déchirés que je destine au recyclage, mais ils sont trop nombreux pour que je les mette devant chez moi. Il faut donc que je trouve un centre de recyclage. Je pense que ma municipalité en a un quelque part et je parie que son adresse figure sur la page Web de la ville. » Ma prochaine action fut donc « Taper "centre de recyclage" sur Google afin de trouver l'adresse et les horaires d'ouverture. » Maintenant que j'avais clairement différencié mon projet de ma prochaine action, je n'avais plus lieu de procrastiner. En fait, cette action était facile à mener et avait toutes les chances de me donner rapidement un sentiment de victoire. Et, une fois terminée, j'ai identifié une autre prochaine action, puis encore une autre, jusqu'à me retrouver avec un garage bien rangé, sans m'être senti submergé en cours de route.

Bien distinguer le projet des prochaines-actions m'a bien aidé car j'ai pu cocher une action sans craindre de perdre de vue mon objectif central. Et, au-delà, le fait de bien percevoir les deux composantes a fait disparaître le stress insidieux et la baisse d'énergie mentale générés par le fait de garder dans un coin de ma tête tout le travail de rangement à accomplir, ce qui aurait nui à ma capacité à vivre pleinement l'instant présent. En dressant des listes séparées des projets et des actions, mon esprit est libre de se concentrer sur autre chose. Si vous saviez le nombre de dirigeants que j'ai rencontrés qui se sentent inutilement submergés – ou au mieux moins productifs qu'ils pourraient l'être –, en partie parce qu'ils ne font pas la distinction entre projets et prochaines-actions.

La constitution de *Holacracy* présente cette distinction élémentaire. Pour l'affiner à l'intention des nouveaux adeptes de *Holacracy*, je conseille l'adoption d'un format spécifique afin de bien cerner un projet : *écrivez-le sous la forme d'un énoncé vrai-faux qui est actuellement faux mais deviendra vrai une fois le projet mené à son terme.* Cela vous forcera à clarifier le résultat attendu et aidera tout le monde à savoir ce que l'on entend par « terminé ». Par exemple, plutôt que d'avoir sur votre liste un projet simplement intitulé « nouveau site Web », vous pourrez le baptiser « un nouveau site Web est développé » ou « un nouveau site Web est lancé », en fonction du résultat visé. Au lieu de « formation client », essayez « tous les clients sont formés aux nouveaux gadgets ». Le premier intitulé laisse beaucoup de place à l'imprécision et au manque de clarté, tandis que le dernier invite à poser une question simple : est-ce déjà vrai ? Et si la réponse est non, quelle est la prochaine étape pour que cela devienne vrai ?

PROJETS *VERSUS* PROCHAINES-ACTIONS

Un projet est « un résultat à atteindre exigeant plus d'une action ».
Une prochaine action est « le premier acte visible et concret que vous devez accomplir pour passer de la réalité actuelle à l'achèvement ».
Source : David Allen, *S'organiser pour réussir – La méthode GTD ou l'art de l'efficacité sans le stress.*

L'ORGANISATION INDIVIDUELLE

La distribution authentique de l'autorité en *Holacracy* transforme l'arène que sont les opérations en octroyant dans toute l'organisation une autonomie claire pour mener des actions décisives. Mais cette autorité s'accompagne d'une responsabilité d'autogestion. En fait, en vertu de la constitution de *Holacracy*, une personne qui accepte un rôle doit endosser certaines responsabilités explicites :

- **Ressentir et processer les tensions** en fonction de la raison d'être et des redevabilités du rôle et par le biais des divers canaux disponibles.

- **Processer les redevabilités :** identifier régulièrement les prochaines-actions à exécuter et définir les projets que vous pourriez mener afin de mettre en œuvre les redevabilités du rôle.
- **Processer les projets :** identifier régulièrement les prochaines-actions susceptibles de faire avancer chaque projet du rôle.
- **Suivre les projets et prochaines-actions :** saisir tous les projets et prochaines-actions du rôle dans une base de données ou un système tangible, accessible à tout le monde, autre que votre esprit.
- **Diriger l'attention et les ressources :** choisir en toute conscience et en permanence la prochaine action ou l'activité la plus pertinente vers laquelle diriger l'attention et les ressources, compte tenu de la situation, puis exécuter cette action.

Pour que n'importe quelle personne puisse assumer ces responsabilités, il est impératif de disposer d'un bon système d'organisation individuelle, à savoir une pratique légère et souple qui vous permet de choisir à tout moment la meilleure action à exécuter parmi toutes les options existantes. Et vous ne pourrez franchir ce cap si vous passez vos journées avec une tête et une boîte de réception pleines de « choses » que vous savez devoir faire, mais qui ne sont pas bien répertoriées dans un système fiable vous permettant de choisir rapidement et en toute confiance les tâches à exécuter. *Holacracy* ne précise pas le système organisationnel à utiliser afin de répondre aux exigences énumérées ci-dessus, mais indique simplement la marche à suivre – pour ce faire, il faut à la fois un bon système et de nouvelles habitudes qui vont avec.

LES DEVOIRS D'UN MEMBRE DE CERCLE

Outre les responsabilités élémentaires de personne affectée à des rôles, les individus ont des devoirs bien précis vis-à-vis des autres membres de leur cercle : être **transparents** sur les projets et le flux de travail, **processer** les demandes, redevabilités et projets quand les autres membres de cercle le leur demandent et accepter certaines règles de **priorisation** concernant leur temps, leur attention et les ressources. Vous trouverez tous les éléments dans la constitution et un résumé ci-dessous.

➔ Devoir de transparence

Le devoir de transparence est particulièrement important pour la cohérence de l'équipe. Chaque membre de cercle doit être transparent avec les autres membres de son cercle si ces derniers ont des demandes concernant :

1. **Les projets et prochaines-actions :** partager les projets et prochaines-actions entrant dans le cadre de n'importe lequel de ses rôles au sein du cercle.
2. **La priorité relative :** donner son jugement sur la priorité relative de n'importe quel projet ou prochaine action qu'il suit par rapport à d'autres activités.
3. **Les projections :** fournir une estimation approximative de la fin d'un projet ou d'une prochaine action au vu des informations dont il dispose.
4. **Éléments de check-lists et indicateurs :** lors des réunions de triage, donner un compte rendu des indicateurs demandés par le premier lien et des éléments de check-list demandés par les autres membres de cercle (voir plus loin dans ce chapitre).

➔ Devoir de processer

Le devoir de processer signifie qu'outre les devoirs inhérents à vos rôles, vous avez la responsabilité de processer les messages et demandes des autres membres de cercle :

1. **Processer les redevabilités et projets :** lors d'une demande de processer une redevabilité ou un projet, vous avez le devoir de processer cela en une prochaine action ou d'être clair sur ce sur quoi vous êtes en attente.
2. **Demandes de projets et de prochaines-actions :** si on vous demande de prendre un projet ou une prochaine action précise, vous avez le devoir de prendre en compte la demande et d'exécuter la tâche en question si elle entre dans le cadre de vos redevabilités.

3. **Demandes d'impacter un domaine :** si la demande d'un autre membre de votre cercle impacte un domaine que vous contrôlez, vous avez le devoir de prendre en considération cette demande et, si vous refusez la demande en question, d'expliquer en quoi elle serait nuisible.

➔ Devoir de priorisation

Le devoir de priorisation restreint la façon dont vous employez votre temps, portez votre attention et utilisez les autres ressources, en vertu des règles suivantes :

1. **Priorité de processer sur l'exécution** ad hoc **:** vous avez le devoir d'accorder la priorité au processing des messages et demandes provenant des autres membres de votre cercle et non à l'exécution des prochaines-actions liées à vos propres rôles, sauf en cas de travail présentant une contrainte de temps. À noter que ce devoir ne concerne que le *processing* des messages entrants afin de définir clairement les prochaines étapes, et pas forcément la mise en œuvre de ces étapes.
2. **Priorité de la participation aux réunions sur l'exécution *ad hoc* :** quand un membre de votre cercle vous demande d'assister à une réunion de gouvernance ou de triage, cette demande a la priorité sur l'exécution des tâches (encore une fois, sauf en cas de travail présentant une contrainte de temps).
3. **Priorité des besoins du cercle sur les objectifs individuels :** vous avez le devoir de vous aligner sur les priorités ou « stratégies » fournies par le premier lien du cercle – thème sur lequel nous reviendrons plus loin dans un autre chapitre.

LES RÉUNIONS DE TRIAGE

Comme le dit l'un de mes associés, « En *Holacracy*, rien ne vient entraver le travail à effectuer » – mantra utile quand on réfléchit à ce qu'il *ne faut pas* amener en réunion. Si vous savez ce que vous devez faire et que rien ne vous en empêche, *alors faites-le*. Si vous savez à qui vous devez vous adresser pour faire avancer un projet, *parlez-lui*. Mais si vous n'êtes pas certain de ce que vous devez faire et que vous souhaitez de l'aide ou vous n'avez pas pu vous coordonner avec les bonnes personnes en raison d'une semaine chargée, la réunion de triage hebdomadaire est une solution de repli. Les réunions de triage sont des forums rythmés permettant aux membres d'une équipe de se synchroniser pour la semaine et de trier les éventuels problèmes nuisant à la progression. Elles vous permettent d'aborder des problèmes opérationnels, de vous informer sur les projets pris en charge par d'autres rôles, de faire un point précis sur vos projets et de demander éventuellement de l'aide.

Après un tour d'inclusion, la réunion de triage démarre par différentes phases destinées à apporter les informations offrant une vue d'ensemble de la réalité actuelle du cercle. On passe alors en revue les éléments de check-lists et les indicateurs et on dispose d'un espace pour partager les nouvelles sur les projets. J'appelle cela les préambules à la réunion. Puis est établi un ordre du jour qui recense les tensions à aborder pendant la réunion. Le cercle traite successivement chaque point, avec l'objectif d'épuiser la liste dans le temps imparti. Même les cercles moyennement au point respectant ce processus sont capables d'y parvenir efficacement.

PROCESSUS DE LA RÉUNION DE TRIAGE

1. **Tour d'inclusion**

Objectif : Remarquer ce qui prend votre attention, l'identifier et le laisser aller.

Espace sacré : pas de discussion. Être présent ici et maintenant. Ancre la réunion.

2. **Revue de la check-list**

Objectif : Mettre de la transparence sur les actions récurrentes.

Le facilitateur lit la check-list des actions récurrentes par rôle : le rôle concerné répond « fait » ou « pas fait » pour la période passée (par exemple, la semaine passée).

→

3. **Revue des indicateurs**

Objectif : Donner une photographie de la réalité du moment et des tendances.

Chaque rôle concerné rend compte brièvement de son indicateur en présentant les dernières données.

4. **Nouvelles sur les projets**

Objectif : Donner les nouvelles sur les projets clés du cercle.

Le facilitateur parcourt chaque projet du cockpit du cercle et demande : « Y a-t-il du nouveau sur ce projet ? ». Le rôle en charge du projet répond : « pas de nouveau » ou donne brièvement les nouvelles depuis la dernière réunion. Pas de discussion, ni réaction.

5. **Établissement de l'ordre du jour**

Objectif : Construire l'ordre du jour avec juste un ou deux mots par point.

On définit l'ordre du jour des tensions à processer. Un ou deux mots par point, pas de discussion.

Triage des points

Objectif : traiter tous les points de l'ordre du jour dans le temps imparti.

Pour traiter chaque point de l'ordre du jour :

- Le facilitateur demande : « Quel est ton besoin ? »
- La personne qui a apporté le point exprime sa demande en s'adressant au(x) rôle(s) concerné(s)
- Noter toute prochaine action et/ou projet demandé et accepté.
- Le facilitateur demande : « As-tu ce dont tu as besoin ? »

6. **Tour de clôture**

Objectif : Tirer les enseignements de la réunion.

Chaque personne peut partager ses réflexions sur la réunion ; pas de discussion, ni réaction.

DES INFORMATIONS VISIBLES SUR UN COCKPIT

Autre outil clé pour l'efficacité des opérations en *Holacracy*, un espace commun facilement consultable sur lequel sont affichés les projets, check-lists et indicateurs en cours. Nous appelons cela un système de management visuel. Il peut s'agir d'un tableau physique accroché à un mur ou d'un espace virtuel, tel qu'une page sur un Intranet, une feuille de calcul ou une section d'une application Web offrant les fonctionnalités de suivi de projets.

COCKPIT

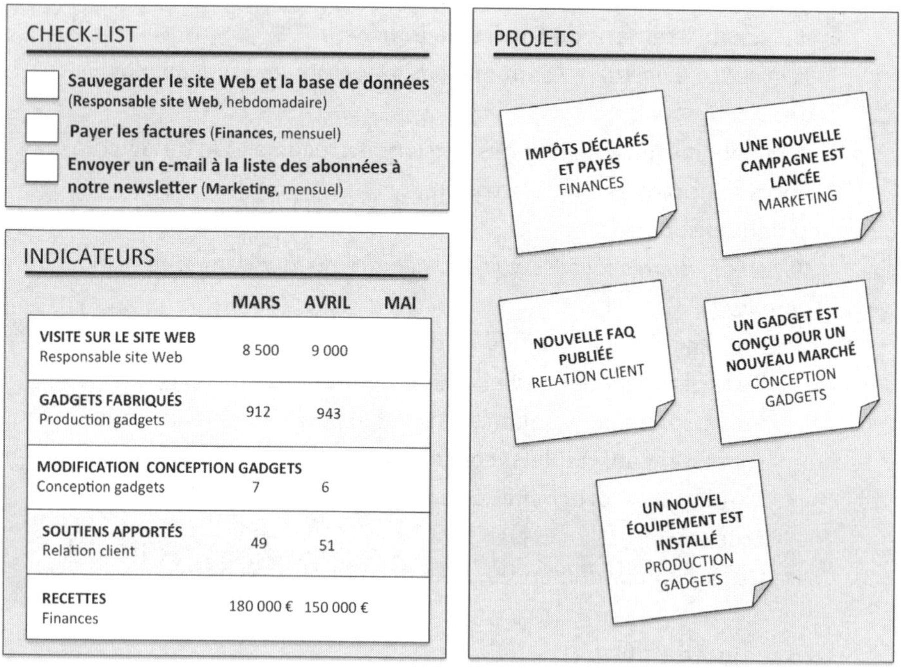

Assistons donc à une réunion de triage comme il s'en déroule dans l'entreprise Gadgets de Génie. Après le **tour d'inclusion**, semblable à celui d'une réunion de gouvernance, vient la **revue de la check-list**. Une check-list est une liste d'actions récurrentes que les membres de l'équipe s'engagent à mener régulièrement. Cette étape a pour but de savoir clairement si chaque action récurrente a été menée à son terme la semaine ou le mois précédent (ou à une autre fréquence). Les points de check-list peuvent être définis par une personne pour son propre rôle ou par un autre membre de cercle demandant que la personne affectée au rôle ajoute à sa check-list l'une de ses actions récurrentes. Cette check-list est un outil simple mais efficace pour confirmer que ces actions ont bien été menées pour chaque période – tout du moins celles dont il a été demandé qu'elles soient ajoutées à la check-list. Dans notre exemple, le cercle « marketing » a un point de check-list mensuel : « envoyer la newsletter par courriel à toute la liste des abonnés ». Le facilitateur lit l'élément et le premier lien *Marketing* dit « fait ». Cela a donc été fait pour le mois précédent. Le rôle *Responsable site Web* a un point de check-list hebdomadaire : « sauvegarder le site Web et la base de données ». Le facilitateur lit le point. *Responsable site Web* dit « pas fait » et donne une brève explication : « Nous avons des problèmes avec le système de sauvegarde, que nous sommes en train de résoudre avec le prestataire. » Un autre membre de cercle ajoute : « Nous avons tout le temps des problèmes avec ce système, peut-être que nous devrions… » Aucune discussion n'étant autorisée à ce stade, le facilitateur lui coupe la parole et l'invite, s'il souhaite aborder le sujet, à l'ajouter à l'ordre du jour lors de l'étape du Triage des points. L'étape en cours vise uniquement à fournir rapidement des informations, sans les aborder ni processer les tensions concernant ces informations.

Vient ensuite la **revue des indicateurs**, au cours de laquelle les membres de l'équipe font rapidement remonter des tendances afin d'avoir une photographie de la réalité du moment. Les indicateurs que chaque rôle doit rapporter sont spécifiés par le premier lien du cercle. Certains sont hebdomadaires et d'autres mensuels, voire trimestriels. Concernant le cercle « généralités sur l'entreprise » de Gadgets de Génie, les indicateurs mensuels comprennent le nombre de visites sur le site Web, le nombre de gadgets vendus, les recettes, le nombre de clients en cours et le nombre de soutiens gérés. Pendant cette étape, les questions de clarification sont autorisées, afin de donner plus d'informations sur les indicateurs, mais toute discussion ou action à prendre doit être inscrite à l'ordre du jour et abordées lors de l'étape de triage des points. Par exemple, lorsque *Ventes* fournit le nombre de gadgets vendus, le premier lien *Marketing* demande : « Est-ce que ces ventes sont le résultat de la campagne d'E-mailing que nous venons d'effectuer ? », *Ventes* répond : « Je pense que oui. » C'est une question claire. Mais *Finances* suggère alors qu'il faudrait peut-être lancer chaque mois ce genre de campagne et le facilitateur le coupe et l'invite à soulever la question lors de l'étape de triage des points s'il le souhaite.

Après les indicateurs, on passe aux nouvelles sur les projets. Lors de cette phase, le facilitateur lit à voix haute l'intitulé de chaque projet suivi par l'équipe. Les projets de l'entreprise Gadgets de Génie comprennent « Un nouveau blog est mis en ligne », projet tenu par le rôle *Marketing*, « Un nouveau super gadget est conçu », tenu par le rôle *Conception gadgets* et « Les nouveaux clients sont formés à l'entretien des gadgets », tenu par le rôle *Relation client*. Le facilitateur aborde un projet à la fois et demande au porteur de projet « Y a-t-il du nouveau sur ce projet ? ». Le porteur de projet est alors invité à faire part aux autres des changements depuis la dernière réunion de triage – mais pas à faire un point de la situation. J'ai remarqué que lorsque l'on demande à quelqu'un de faire un point, le degré de progression est inversement proportionnel à la longueur de l'intervention, car s'épancher est un excellent moyen de masquer un avancement insuffisant. Cette étape est donc uniquement consacrée aux *changements*. Si rien n'a changé dans un projet, le porteur de projet dit simplement « pas de nouveau ». Le premier lien *Marketing* dit que le nouveau blog est presque terminé et le second lien ajoute que l'équipe vient de boucler la relecture des premiers articles, qui devraient bientôt être mis en ligne. *Conception gadgets* n'a rien de nouveau sur le projet de conception du nouveau super gadget. *Relation client* explique que certains nouveaux clients sont en vacances, puis commence à entrer dans les détails de son plan de formation, mais le facilitateur la coupe et demande : « Est-ce que cela signifie qu'il n'y a rien de nouveau ? » *Relation client* concède : « Oui, rien de nouveau, mais il faudrait un meilleur système de programmation des sessions de formation. » Le facilitateur l'invite à aborder ce sujet lors de l'étape de triage des points. Lors de ces « préambules », l'objectif est simplement de mettre des informations sur la table. Les questions de clarification sont autorisées afin d'apporter des informations supplémentaires, mais l'analyse ou la résolution de problèmes sont réservées à l'étape de triage des points.

Une fois les préambules terminés, l'équipe est désormais prête à passer au **triage des points**. Un ordre du jour est alors établi à la volée, chaque personne étant responsable du point qu'elle a soulevé. *Responsable site Web* ajoute le point « service de sauvegarde ». Le premier lien *Marketing* ajoute « campagne d'E-mailing ». *Relation client* ajoute « prérequis formation ». Outre les éventuels points soulevés au cours des préambules figurent généralement d'autres points préparés à l'avance par les participants et qu'ils souhaiteraient aborder lors de cette réunion de triage. *Finances* ajoute le point « remises ». Le premier lien *Marketing* ajoute un autre point : « indisponibilité site Web ». Et *Responsable site Web* ajoute « descriptions marketing ». Comme lors d'une réunion de gouvernance, un point figurant à l'ordre du jour ne constitue pas un sujet général de discussion, mais une tension bien précise à processer. Et l'objectif n'est pas de régler cette tension pour tout le monde mais uniquement pour le membre de cercle qui a soulevé ce point – les autres peuvent ajouter leurs propres points s'ils ont d'autres choses à aborder.

Chaque point est processé en permettant à la personne qui l'a inscrit à l'ordre du jour d'engager les autres jusqu'à ce que sa tension soit réglée ou au moins jusqu'à ce que soient attribués un ou plusieurs projets ou prochaines-actions permettant de faire avancer le sujet en question. Cette dynamique rend les réunions de triage rapides et efficaces. Le facilitateur commence par poser à la personne ayant mis le point à l'ordre du jour la question suivante : « Quel est ton besoin ? » Cette personne a alors la possibilité de demander de l'aide, tandis que le facilitateur écoute les prochaines-actions ou projets acceptés et demande au secrétaire de les noter.

Poursuivons notre simulation de réunion en passant au point « prérequis de formation » de *Relation client.* Lorsque le facilitateur lui demande ses besoins, elle explique : « Un certain nombre de clients se sont inscrits à notre formation avancée sur l'utilisation de notre super gadget, mais j'ai découvert que bon nombre n'avaient pas les prérequis nécessaires pour bien les préparer à cet événement ». Le facilitateur demande : « Quel est ton besoin ? » « J'ai besoin d'une solution pour que ces gens rattrapent leur retard avant la prochaine formation », répond-elle. « Ce sont vraiment de bons clients et maintenant qu'ils se sont inscrits, je ne veux pas les empêcher de participer. Et, à l'avenir, j'aurais besoin d'un meilleur système pour vérifier que les participants remplissent les conditions avant de s'inscrire à une formation. »

Conception gadgets répond au premier besoin de *Relation client.* « Je peux facilement concevoir une vidéo reprenant les informations de conception élémentaires concernant nos super gadgets. Ça leur permettrait d'être mieux préparés pour la formation avancée. » *Relation client* fait un signe énergique d'approbation de la tête. Le facilitateur demande donc au secrétaire de prendre un projet pour *Conception gadgets* : « Une vidéo d'information sur la conception des super gadgets est mise en ligne ».

Le second besoin de *Relation client* est plus complexe. *Responsable site Web* dit qu'ils n'ont pas les ressources nécessaires pour revoir la conception du système d'inscription aux formations en ligne afin d'intégrer une vérification des conditions d'admission. « Je pense que nous devrons procéder pour l'heure à une vérification manuelle », suggère-t-il. *Relation client* dit qu'elle aimerait que *Responsable site Web* s'en charge. Ce dernier semble inquiet et ouvre la bouche pour émettre une objection, mais le facilitateur intervient avant qu'il ait pu prononcer un mot et pose une question à *Relation client* : « Est-ce que c'est une activité que tu souhaiterais voir exécuter de manière régulière par *Responsable site Web*, au moins pendant un certain temps ? » Après la confirmation de *Relation client*, le facilitateur poursuit : « On dirait que tu recherches une nouvelle redevabilité – une activité dans la durée qui serait mise en œuvre par quelqu'un. Les redevabilités ne s'ajoutent qu'en réunion de gouvernance. Souhaiterais-tu donc prendre une prochaine action d'amener cette proposition en réunion de gouvernance ? » *Relation client* acquiesce et une action lui est assignée afin de créer une proposition, permettant de résoudre ce problème, qu'elle soumettra en réunion de gouvernance.

Responsable site Web s'empresse alors de dire : « Je ne crois pas que cette redevabilité devrait être attribuée au rôle *Responsable site Web*, mais nous pourrons régler cela en réunion de gouvernance et je serai ravi de le faire en attendant notre prochaine réunion de gouvernance. » Le facilitateur demande à *Relation client* si elle a ce dont elle a besoin et elle répond par l'affirmative. Cela signifie que nous sommes prêts à aborder le prochain point de l'ordre du jour.

C'est le premier lien *Marketing* qui a inscrit le point suivant, « indisponibilité site Web », à l'ordre du jour. Elle explique : « La semaine dernière, le site Web a été fermé pour maintenance juste après le lancement de notre campagne d'E-mailing. » Le facilitateur demande : « Quel est ton besoin ? » Elle répond : « J'ai besoin que *Responsable site Web* me prévienne avant d'interrompre le site Web. » Le facilitateur demande : « Est-ce quelque chose sur lequel tu voudrais pouvoir compter régulièrement de la part de *Responsable site Web* ? », et, après qu'on lui a répondu « oui », il demande au secrétaire de sortir les registres de gouvernance afin de voir s'il existe à l'heure actuelle une redevabilité de ce type sur le rôle *Responsable site Web*. Cette redevabilité ne figure pas dans les registres et le facilitateur poursuit : « Il n'existe pas de redevabilité, tu n'es donc pas en droit de l'exiger. Aimerais-tu avoir le droit d'exiger cela de *Responsable site Web* ? » Après avoir obtenu une autre réponse affirmative, le facilitateur demande au secrétaire de noter une action pour que le premier lien *Marketing* puisse proposer cette redevabilité lors de la prochaine réunion de gouvernance.

Cette réunion de gouvernance sera l'occasion pour le premier lien *Marketing* de résoudre définitivement son problème, mais le facilitateur sent qu'il faut régler autre chose auparavant. « En attendant de traiter ce point sur le long terme, y a-t-il autre chose dont tu as besoin pour traiter ta tension opérationnellement là maintenant ? » Le premier lien *Marketing* demande à *Responsable site Web* de prendre une prochaine action consistant à lui envoyer un calendrier des opérations de maintenance du site Web déjà programmées. *Responsable site Web* donne son accord et le secrétaire note l'action. « As-tu ce dont tu as besoin ? », demande le facilitateur. « Ouais », lui répond-elle aussitôt.

Le prochain point a été inscrit par *Responsable site Web* : « descriptions marketing ». il est sur le point de mettre en ligne une page sur un nouveau type de gadget venant d'entrer dans la gamme de produits de l'entreprise, mais il n'a aucun descriptif. « Quel est ton besoin ? », demande le facilitateur. « J'ai besoin d'un descriptif de quelques centaines de mots expliquant en quoi il est unique », répond-il. Le second lien *Marketing* propose une solution : « Je viens de rédiger sur le blog un nouvel article portant sur ce gadget. Tu peux donc en utiliser une partie pour ta page. » *Responsable site Web* est satisfait et le second lien *Marketing* se charge de la prochaine action consistant à envoyer par courriel l'article du blog. La réunion se poursuit.

Cette simulation met en scène une équipe relativement novice en *Holacracy*. Des membres d'équipe plus expérimentés se corrigent souvent quand leurs tensions concernent la gouvernance. Ils se concentrent alors sur ce qui est du ressort de la réunion de triage. Le processus qu'illustrent les exemples ci-dessus permet aux réunions de porter sur des sujets bien ciblés et d'être rapides, même pour une nouvelle équipe. Avec cet accent mis sur des résultats clairs et simples, les réunions de triage ont des objectifs bien définis et font avancer les choses. Et l'approche consistant à traiter une tension à la fois, avec pour seul but de satisfaire la personne qui met un point à l'ordre du jour, évite les digressions. La rapidité et l'attention sont mises en exergue par la séparation entre sujets de gouvernance et besoins en termes de triage. La constitution de *Holacracy* stipule que la gouvernance ne peut être modifiée que via le processus de gouvernance. Ainsi, lorsque les tensions concernent le mode de fonctionnement ou quand une personne souhaite définir une nouvelle attente dans la durée, un bon facilitateur suggérera toujours à la partie concernée de prendre une prochaine action pour amener le point lors d'une réunion de gouvernance. Là, elle pourra réclamer en toute confiance ce changement profond que le processus intégratif abordera avec efficacité.

Les réunions de triage, à l'instar des réunions de gouvernance, ne dévient pas du bon cap et respectent les règles du jeu de *Holacracy* grâce au facilitateur élu. Son rôle est de veiller au respect du processus, à ce que l'attention soit portée uniquement sur la tension soulevée par celui ou celle qui l'a amené, avec un résultat approprié pour une réunion de triage, et à renvoyer, lorsque nécessaire, aux registres de gouvernance, afin de vérifier les attentes et autorités attribuées. Pendant le traitement d'un point, un bon facilitateur vérifiera constamment avec la personne qui a amené le point à l'ordre du jour si elle a ce dont elle a besoin. Dès que cette personne répond « oui », le moment est venu de passer au point suivant. Si quelqu'un a un nouveau problème, généré par la discussion mais non traité, il ou elle peut l'ajouter à l'ordre du jour. Cette tension sera alors traitée le moment venu et bénéficiera de la même attention que la tension précédente.

Une fois la réunion de triage terminée, le secrétaire partage à tous les membres de cercle la liste des projets et prochaines-actions qu'il a notés durant la réunion, soit par courriel, soit dans une application qui envoie automatiquement des notifications.

CONSEILS POUR FACILITER UNE RÉUNION DE TRIAGE

Lorsque...

- ... le sujet part en analyse et/ou discussion

Demander : *« Quelles sont les prochaines actions à prendre ? »*
Demander : *« Donc, de quoi as-tu besoin ? » (à la personne qui a apporté le point)*

- ... les participants recherchent une forme de consensus ou d'approbation

Demander : *« Quel rôle a l'autorité pour prendre la décision dans le cas présent ? »*
Demander : *« Avons-nous besoin de clarifier les autorités en gouvernance ? »*

- ... les « leaders » sont mentionnés par leur nom

Demander : *« À quel rôle fais-tu référence là ? »*

- ... quelque chose de répétitif ou plus général semble être en jeu

Demander : *« N'est-ce pas un sujet à traiter en gouvernance ? »*

- ... il y a une attente implicite en jeu

Demander : *« Est-ce quelque chose sur lequel tu voudrais pouvoir compter régulièrement ? »* Si la réponse est oui : *« Souhaites-tu prendre une action pour apporter ce point en gouvernance ? »*

« TELLE CHOSE POUR TELLE DATE », C'EST FINI !

Une dernière précision importante sur les opérations et l'exécution des tâches : au quotidien, *Holacracy* rend obsolète l'habitude consistant à s'engager à rendre un projet ou à mener une action pour une date bien précise. Lors des réunions de triage, par exemple, nous consignons les prochaines-actions, mais sans donner de délai de réalisation. Pourquoi ? Si la pratique consistant à fixer une échéance est généralement recommandée dans le monde de l'entreprise de nos jours, permettez-moi de donner un avis contraire : s'engager à respecter des délais présente des inconvénients majeurs et nuit à une approche plus dynamique et réaliste.

Le soi-disant avantage à fixer une échéance est simple : cela renforce la confiance des autres en notre capacité à y parvenir, nous encourage à respecter nos engagements et instaure de la confiance au fil du temps en montrant aux autres que nous pouvons respecter ces engagements. Ça paraît génial et c'est en effet largement préférable à un environnement dans lequel personne ne compte sur rien car tout le monde travaille en réaction à ce qui attire son attention. Je ne vous conseille donc pas de jeter aux oubliettes le principe des échéances et de revenir au chaos.

En *Holacracy*, accepter une prochaine action dans le cadre de l'un de vos rôles, lors d'une réunion de triage ou en dehors, c'est par définition vous engager à (1) consciemment suivre cette action, (2) consciemment revoir cette action parmi les autres actions que vous pourriez prendre, puisque vous évaluez en permanence ce sur quoi centrer votre attention et votre énergie et (3) consciemment mener l'action en question dès qu'elle devient la chose la plus importante à faire parmi les autres, tout bien considéré. La sélection de tâches en fonction de dates est souvent en conflit avec la constitution, dont les règles prévalent sur les engagements que vous prendriez en termes de dates d'exécution des tâches : vous pourriez être dans l'obligation de mieux exploiter votre attention et votre énergie et, ainsi, ne pas pouvoir respecter le délai prévu. La constitution fixe la barre plus haut en termes de priorisation des actions. Il ne s'agit pas simplement de s'engager à respecter une date puis de caler votre travail en fonction de celle-ci. La constitution vous permet d'utiliser des dates comme élément clé pour accorder la priorité à telle ou telle action, mais vous demande également une attention constante en fonction du contexte et de tout autre élément à prendre en considération.

Autrement dit, il arrive que la réalité détruise nos meilleurs plans. Et lorsque nous parvenons malgré tout à contrôler temporairement les caprices de la réalité, l'approche reposant sur une échéance présente des risques et engendre des coûts importants. Imaginons que je me trouve dans une réunion et que j'accepte de prendre une action. Vous me demandez quand je l'aurai menée à bien. Je réfléchis une seconde et je vous réponds « mardi », ce qui vous satisfait. Nous avons donc un contrat social de fortune. Mais il y a un hic : quand j'ai accepté de terminer l'exécution de mon action pour mardi, je n'ai malheureusement pas allongé pour autant la journée de travail standard. Je dois donc rentrer cette action dans ma liste d'autres choses que je serais susceptible d'exécuter pendant les heures de travail qu'il me reste. D'autres choses vont être rétrogradées en terme de priorité.

Ainsi, lorsque j'ai pris l'engagement de faire telle chose pour telle date, j'ai pris une décision (concernant des priorités) qui modifie le timing de nombreuses autres actions – et ce, sans me pencher sur ces actions, certainement sans peser les priorités relatives de tout ce dont je suis responsable. Une priorisation inconsciente a accompagné mon engagement délibéré. Mais ce n'est pas tout : j'ai également introduit le risque de devoir travailler sur quelque chose afin de respecter un engagement – souvent artificiel –, que cette tâche soit ou non la plus importante à cet instant au vu de la raison d'être de l'organisation.

En multipliant les tâches dotées d'une échéance, on se retrouve facilement dans une course aux engagements au lieu de choisir l'action la plus importante du moment. Ce n'est pas parce que vous fixez une date limite d'exécution à une action que cela en fait la priorité no 1. Il est parfois logique de laisser tomber une tâche pour vous occuper d'une autre, plus importante, que vous n'aviez pas anticipée lorsque vous vous êtes engagé.

Vous pouvez bien sûr régler cela en redéfinissant les attentes, mais vous avez alors une chose de plus à gérer et le nouvel engagement a un coût, accroît la rigidité et demande une énergie de tous les instants. Autre coût insidieux, le poids d'une échéance imminente : c'est un facteur de stress qui a tendance à nous enfermer dans nos propres obligations et combat la réalité. Parfois, nous essayons de rallonger les journées de travail pour gérer le stress d'une échéance. Mais rogner sur notre temps de repos est parfois assez pénible et n'est pas tenable à long terme.

L'approche reposant sur des échéances nous aide à faire comme si la réalité était plus prévisible et contrôlable qu'elle ne l'est réellement. C'est un aveuglement parmi les plus rassurants auxquels s'adonne l'être humain. Et c'est sur cette base que cette approche bâtit de la confiance – cela trompe les autres, qui se détendent parce qu'ils ont l'impression d'avoir des certitudes. Cela fonctionne, jusqu'à un certain point, mais c'est une fondation extrêmement branlante.

Je ne vous conseille pas d'abandonner les engagements datés si vous ne disposez pas d'une solution de remplacement efficace. Mais lorsque nous mettons en place un moyen efficace d'organiser notre vie et notre travail – qui nous permet de tenir nos engagements et d'avoir l'assurance de travailler sur la tâche la plus importante du moment, en toute conscience, et sans perdre le cap de vue – nous pouvons laisser s'échapper l'illusion du contrôle.

Une fois dotés de bons systèmes organisationnels individuels qui favorisent prise de conscience et progression, nous pouvons bâtir de la confiance en offrant aux autres de la transparence, des projections motivées (pas des engagements) et un moyen d'influer sur nos priorités. Au lieu de donner à nos collègues l'illusion de la prévisibilité (alors que, souvent, ces prévisions tiennent à peine), nous les entraînons dans notre processus consistant à affronter constamment et implacablement la réalité et à toujours privilégier la tâche la plus importante.

Quid de ces échéances externes *indispensables* pour la planification ? Le monde regorge de ces échéances et *Holacracy* ne va pas prendre sa baguette magique pour les faire disparaître, mais va modifier la façon dont vous travaillez pour les respecter et dont vous tenez les autres pour responsables de leur contribution afin de vous aider à tenir ces échéances. Selon les règles de *Holacracy*, vous ne pouvez obliger une personne à respecter une date d'engagement, même si elle vous en donne une. Par conséquent, le respect de vos propres échéances demande de votre part une plus grande implication. Lorsque le temps presse, au lieu de demander aux autres telle chose pour telle date et d'espérer qu'ils respectent leurs engagements, vous pouvez influer sur leurs choix pendant qu'ils œuvrent à l'obtention des résultats dont vous avez besoin, par exemple en suggérant la priorisation des actions que vous attendez. Et *Holacracy* vous offre de nombreuses pistes pour influencer leurs choix et priorités. Vous pouvez par exemple vous servir des devoirs décrits plus haut dans ce chapitre. Le devoir de transparence peut vous aider à obtenir les informations essentielles et à surveiller la progression. Le devoir de processer peut vous aider à demander l'exécution de certains projets ou actions et le devoir de priorisation signifie qu'un premier lien peut se retrouver impliqué dans la priorisation et vous pouvez attendre des autres qu'ils respectent les décisions du premier lien.

Enfin, ces règles et les autres processus de *Holacracy* vous aideront à assumer et contrôler vos propres besoins lorsqu'une échéance est imminente et à collaborer étroitement avec vos collègues en tant qu'associés, plutôt que plus tard en tant que juge. Cela illustre un schéma général de *Holacracy* : au lieu que les personnes soient responsables de résultats spécifiques, sur lesquels peuvent influer de nombreux facteurs échappant à leur contrôle, *Holacracy* tend à tenir les gens pour responsables des choix qu'ils effectuent pour obtenir ces résultats, car nos choix *sont* toujours sous notre contrôle. Mais, au-delà de cela, *Holacracy* vous offre plus de moyens de vous impliquer et d'influencer ces choix, sans avoir besoin de reprocher à quelqu'un d'en avoir fait de mauvais.

« VAINQUEUR, HOLACRACY ! »

Cette combinaison de responsabilité individuelle, de transparence collective et de réunions de triage souples et rythmées contribue à obtenir des opérations efficaces, adaptables et productives. L'un de nos clients nous a récemment transmis un message à la suite d'une réunion de triage à laquelle il a participé. Il disait simplement : « 33 points à l'ordre du jour en 55 minutes. #VainqueurHolacracy! » Nombre d'adeptes de *Holacracy* me disent ce genre de choses. Ils trouvent qu'ils épuisent plus vite l'ordre du jour qu'ils n'imaginaient pouvoir le faire, avec une meilleure compréhension et plus de problèmes résolus qu'avec un processus plus lent utilisé auparavant. Si ce n'est pas votre cas, vous pouvez toujours en appeler à la gouvernance afin de processer les tensions qui font obstacle et ralentissent l'exécution du travail, jusqu'à ce que vous disposiez de l'autorité et de la liberté nécessaires pour que le travail se fasse rapidement.

6

FACILITER LA GOUVERNANCE

> *Recherchez la liberté et devenez esclave de vos désirs. Recherchez la discipline et trouvez votre liberté.*
>
> Frank Herbert, *La Maison des Mères**

Maintenant que nous avons découvert, à travers un exemple très simple, les éléments de base de la réunion de gouvernance et comment les résultats de gouvernance se traduisent en opérations quotidiennes, le moment est venu de nous attaquer aux dynamiques plus complexes pouvant apparaître. Nous allons étudier la gestion des comportements perturbateurs des individus au sein du cercle et le test de la validité des objections. Nous aborderons ces thèmes du point de vue du facilitateur. Ce chapitre peut donc à la fois servir de manuel avancé de facilitation d'une réunion de gouvernance et d'illustration détaillée de la notion de gouvernance au sein d'une société pratiquant *Holacracy*. La capacité du facilitateur à gérer efficacement ces situations plus complexes est essentielle à une utilisation réussie de *Holacracy*, surtout quand les autres participants en apprennent encore la mécanique. Pour reprendre notre analogie sportive, le facilitateur est un arbitre dont le rôle neutre et impartial est destiné à protéger le processus et à faire respecter les règles du jeu.

* Frank Herbert, *La Maison des Mères*, traduit par Guy Abadia, Robert Laffont, Paris, 1986.

Si vous êtes déjà un coach ou animateur de réunion ou de processus chevronné, sachez que cette expérience ne vous prépare probablement pas à l'exercice de ce rôle et constitue même généralement un obstacle. Un bon animateur dans une organisation au sein de laquelle la structure d'autorité est conventionnelle apprend à tenir compte de l'avis de toutes les personnes au sein d'un groupe et à soutenir et mettre en avant les différents points de vue – afin de leur donner voix au chapitre. Dans un certain sens, l'animateur traditionnel devient le leader héroïque ou la figure parentale le temps de la réunion. En *Holacracy*, le rôle de facilitateur est très différent – à tel point que son action pourrait paraître contraire au but recherché. Votre responsabilité n'est pas de soutenir ou de prendre soin des participants, mais de protéger le *processus*, car c'est ce dernier qui permet aux gens de veiller sur eux-mêmes. Dans le rôle de facilitateur, vous devez ne pas céder à votre instinct protecteur vous incitant à être poli ou gentil, mais couper la parole si la personne n'attend pas son tour pour parler – pas simplement après qu'elle a commencé à donner son avis, mais dès qu'elle ouvre la bouche. Ça vous semble impoli ? Certes, mais il y a une raison à cela. Le processus préserve la capacité du proposeur à traiter une tension et fait en sorte que tous les autres évitent d'engendrer d'autres problèmes. La violation du processus est une violation de l'espace dont dispose le proposeur pour traiter en toute sécurité sa tension. Il incombe au facilitateur de s'assurer que cela ne se produise pas. Ces règles peuvent sembler restrictives ou excessivement rigides, mais génèrent des résultats libérateurs – créant un espace sacré qui nous permet librement de jouer notre rôle de capteur de tension au sein de l'organisation, sans que des réactions dramatiques ne polluent.

Bien suivi, le processus peut sembler profondément impersonnel. En tant que facilitateur, votre mission n'est pas d'obtenir certains résultats en fin de réunion, mais de préserver l'espace pour que le processus fasse son œuvre. Vous n'essayez pas de favoriser les contributions ou un accord. Tant que le processus est respecté, le sentiment des uns ou des autres ne vous importe pas – tout du moins pas en tant que facilitateur. Vous êtes neutre. Lorsqu'un participant viole le processus en parlant alors que ce n'est pas son tour, vous stoppez simplement ce comportement hors processus, sans porter de jugement, sans émotion et vous le faites immédiatement, sans attendre confortablement une pause. Vous n'avez qu'une préoccupation, le processus, et ce dernier se charge ensuite du reste. Comme je l'ai dit plus haut, vous êtes l'arbitre, au service du jeu, pas des joueurs. Lorsque vous éliminez un comportement ne respectant pas le processus, ce n'est pas parce que vous éprouvez de la colère envers la personne concernée, tout comme un arbitre n'en veut pas personnellement au joueur ayant commis une faute. Il protège simplement le jeu, et vous, le processus.

Faciliter ce processus impersonnel peut profondément transformer les acteurs et offre l'espace nécessaire permettant à la structure de l'organisation d'évoluer en permanence. Une fois que les employés ont découvert toute la puissance de ce processus, la plupart trouvent difficile, voire impossible, de revenir à une approche plus personnelle et consensuelle. Mais l'apprentissage peut s'avérer douloureux, car les habitudes confortables doivent céder la place à de nouveaux principes difficiles à accepter. Lorsque j'interviens comme coach ou premier facilitateur dans une organisation, il m'incombe de faire en sorte que l'équipe respecte les nouvelles règles, même si certains membres ne les aiment pas du tout dans un premier temps – ce qui n'est pas rare. Cette attitude peut me retomber dessus, car c'est moi qui astreins l'équipe à cette nouvelle façon étrange de tenir des réunions et prendre des décisions. Il arrive donc que leur colère me vise, mais elle est heureusement éphémère. Les personnes qui voyaient ma présence d'un mauvais œil peuvent très bien me serrer dans leur bras et me témoigner leur gratitude au bout de quelques mois de pratique, parfois même les larmes aux yeux. Ce renversement survient généralement après qu'ils ont découvert l'impact de cette nouvelle méthode pour traiter les tensions et prendre les décisions et qu'ils ont pris conscience de l'importance de ces nouvelles règles dans cette transformation, même si, avant d'y adhérer, ils ont d'abord éprouvé un certain malaise.

QU'EST-CE QUI EST VALIDE À PROCESSER ?

Dans un certain sens, la qualité « impersonnelle » du processus de gouvernance de *Holacracy* provient des types de tension que nous abordons et des raisons pour lesquelles nous les soulevons. Pour qu'une proposition soit valide à processer en réunion de gouvernance, il faut que la tension sous-jacente limite l'un des rôles du proposeur. L'objectif doit alors être de faire disparaître ce frein, pour le bien du rôle concerné. Une proposition peut *modifier* d'autres rôles, à condition que cela soit dans le *but* d'aider l'un des rôles du proposeur – en facilitant par exemple la mise en œuvre d'une redevabilité ou en exploitant une occasion de mieux exprimer la raison d'être du rôle. Pour imposer cette restriction, une proposition peut être rejetée par le facilitateur si, pendant qu'on traite la proposition, le proposeur n'est pas capable de fournir un exemple concret de la façon dont sa proposition améliore sa capacité à exprimer la raison d'être ou les redevabilités de l'un de ses rôles, au vu d'une situation qu'il a vécue, passée ou présente. Petite exception, votre proposition peut concerner un rôle auquel vous n'êtes pas affecté, à condition que la personne en charge de ce rôle vous en ait explicitement donné l'autorisation.

Cette règle permet au final d'écarter deux types de proposition pouvant sembler souhaitables, mais qui sont en fait néfastes. La première concerne des tentatives injustifiées ou désordonnées de « tout » améliorer, qui incluent souvent des choses qui ne sont pas du ressort du proposeur. Cette tendance, affichée par certaines personnes bien intentionnées qui fourmillent d'idées, empêche l'exécution des tâches parce qu'elles bricolent la gouvernance et la rendent hypersophistiquée alors qu'aucune amélioration n'est nécessaire. Elle ennuie en outre assurément ceux dont les rôles sont détournés, s'ils ne souhaitent pas cette « aide ».

Le second type de propositions que cette règle empêche est représenté par les tentatives de servir *personnellement* le proposeur, et non l'un de rôles qu'il tient pour le compte de l'organisation.

Il s'agit par exemple des propositions visant à améliorer les politiques de vacances, les systèmes de rémunération ou les politiques de déplacement – *à moins que* le proposeur remplisse un rôle dont la raison d'être ou une des redevabilités se trouve limitée par ces politiques ou systèmes. Bien qu'il soit important, comme dans toute relation, de savoir comment satisfaire nos besoins personnels, il existe des limites utiles et appropriées dans ce domaine. Pour des relations saines entre l'organisation et ses « intendants », les personnes affectées à des rôles ne doivent pas profiter de l'espace et des processus internes de l'organisation pour satisfaire leurs besoins personnels, tout comme nous ne souhaitons pas que les parents profitent de la vie de leurs enfants pour répondre à leurs besoins personnels. La mission d'une personne affectée à des rôles dans une organisation fonctionnant sous le régime *Holacracy* est de contribuer au développement de l'organisation et non l'inverse – nous sommes les intendants de nos rôles et de l'organisation proprement dite et cela nous oblige à trouver un moyen plus approprié de traiter nos besoins personnels et non à violer le processus de gouvernance en vigueur. Nous pouvons renégocier un contrat de travail (ou son équivalent) avec le rôle approprié afin de mettre en place un certain nombre d'accords ou nous pouvons exprimer notre désir (sous forme de pitch) que soit modifié un rôle explicitement redevable de servir le personnel de l'organisation. Il existe de nombreux moyens de satisfaire nos besoins personnels dans notre relation avec une organisation, mais la gouvernance n'en fait pas partie. Elle a pour objectif de traiter les tensions pour le bien de nos rôles, ce qui a pour effet de servir au final la raison d'être de l'organisation.

FACILITER LA MÉCANIQUE

Pour approfondir l'étude de la facilitation de la mécanique du processus de gouvernance, revenons au cercle « généralités sur l'entreprise » (CGE) de Gadgets de Génie. Imaginez-vous dans la peau du facilitateur élu de ce cercle. Même si vous n'avez pas l'intention de jouer le rôle de facilitateur, restez avec moi, car la compréhension des bases de la facilitation fera de vous un meilleur praticien en *Holacracy* dans tous vos rôles, quels qu'ils soient, capable de mieux cerner les raisons pour lesquelles les règles existent.

Vous êtes en réunion de gouvernance de CGE, le tour d'inclusion est terminé et vous invitez désormais les membres de cercle à établir l'ordre du jour. À ce stade, vous n'avez pas à vous soucier de la validité des propositions. Cela saute généralement aux yeux lors de l'étape des questions de clarification ou lors de l'intégration. Lors de l'établissement de l'ordre du jour, partez du principe que tous les éléments sont valides. Une fois l'ordre du jour établi, vous êtes prêt à processer les tensions.

Si, en tant que facilitateur, il y a bien une chose dont vous devez vous souvenir lorsque vous processez un point de l'ordre du jour, c'est : *une tension à la fois*. Vous êtes-vous déjà retrouvé dans une réunion au cours de laquelle une personne soulève un problème, puis tout le monde met son grain de sel afin d'essayer de régler ses propres tensions autour de ce problème ? Se produit alors très vite une lutte féroce pour obtenir l'attention de tout le monde. Tous les participants essaient de résoudre leurs propres problèmes. Au final, la réunion est pénible, dure une éternité et aucun problème n'est résolu de manière efficace. Veillez donc à traiter *une tension à la fois*.

Dans notre exemple, nous allons nous concentrer sur une tension soulevée par le rôle *Conception gadgets*. Vous vous engagez dans le processus de prise de décision intégrative et commencez par la première étape : « Présenter la proposition ». Le rôle *Conception gadgets* commence par expliquer la tension : « *Marketing* fait beaucoup de promesses dans ses publicités mais nos gadgets n'ont pas été conçus pour tenir certaines de ses promesses », se plaint-il. Le premier lien *Marketing* ouvre la bouche pour répondre et vous la coupez dès que vous voyez qu'elle commence à prendre sa respiration pour parler. L'heure n'est pas aux réactions car la parole est à *Conception gadgets*, qui a soulevé la tension. Vous lui demandez s'il peut faire une proposition en finissant la phrase « Je propose que… » ou s'il a besoin d'aide pour faire une première proposition. *Conception gadgets* finit votre phrase en proposant que la redevabilité du cercle marketing « promouvoir l'entreprise et ses gadgets » soit étoffée en incluant « conformément aux objectifs d'utilisation de chaque type de gadget ».

Ensuite, vous invitez les participants à poser des questions de clarification. Le premier lien *Marketing* intervient immédiatement : « Et sais-tu précisément qui définira ces "objectifs d'utilisation" ? Ils ne sont jamais clairs et — » Vous l'interrompez de nouveau très vite, car, à son ton et au choix des mots, il est clair qu'il ne s'agit pas simplement d'une question de clarification, mais plutôt d'une réaction déguisée. En tant que facilitateur, vous devez être prêt à réagir à ce scénario courant. S'il semble que la personne qui pose la question essaie de donner un point de vue au proposeur, vous devez lui couper la parole et l'inviter à garder son avis pour le tour de réactions. Qu'il s'agisse d'un jugement ou d'un élément d'information utile, si elle cherche à donner des points de vue *au* proposeur au lieu d'en obtenir *de sa part*, cela compte comme une réaction.

Un autre membre du cercle soulève alors la même question, mais avec un réel désir d'obtenir des éclaircissements : « Selon toi, qui pourrait fournir les objectifs d'utilisation ? » Cette question est valide, mais le proposeur n'est pas obligé de fournir une réponse. Il peut simplement indiquer « Ce n'est pas spécifié » ou fournir une réponse. Il dit alors : « Nous les décidons lors de nos réunions de conception, auxquelles tout le monde peut assister ».

Une fois les questions de clarification épuisées, c'est l'heure du tour de réaction. Vous invitez les participants à réagir, un à la fois. Quand son tour vient, votre collègue affectée au rôle premier lien *Marketing* peut cette fois-ci réagir à la proposition. Et elle ne s'en prive pas. En tant que facilitateur, vous ne vous souciez pas du contenu ou du ton des réactions, mais veillez à ce qu'elles soient adressées à l'espace d'expression, sans inviter le proposeur à engager une conversation. Vous faites également respecter la règle « une personne à la fois » et « chacun son tour », sans autoriser les échanges ni les réponses à des réactions. Ne cédez pas à la tentation d'interrompre le déroulement du tour de réaction afin de vous attarder sur la dynamique du groupe ou de défendre une personne ou un point de vue. Gardez toute votre neutralité, laissez chaque personne réagir quand son tour est venu, puis poursuivez.

Une fois toutes les réactions exprimées, c'est l'heure d'amender et de clarifier. Vous demandez au proposeur s'il souhaite éclaircir un point ou modifier sa proposition. À ce stade, le proposeur se sent souvent obligé d'intégrer tout ce qu'il a entendu afin de respecter les points de vue de ses collègues. Mais, dans ce processus, c'est inutile. Ils peuvent ajouter des points à l'ordre du jour afin de traiter leurs tensions. Vous vous assurez donc que le proposeur ne perde pas de vue sa propre tension : vous l'aidez à se concentrer simplement sur cet aspect, en l'incitant à « se montrer égoïste » et à ignorer tout ce qui vient d'être dit si cela ne contribue pas à traiter sa tension, de son point de vue. Il ajoute un commentaire en détaillant l'historique qui l'a poussé à formuler sa proposition et dit qu'il est content de sa proposition à ce stade et n'y apportera donc aucune modification.

➲ Tester les objections

Vous posez ensuite la question suivante individuellement à chaque participant : « Est-ce que tu vois une raison qui fait que l'adoption de cette proposition causerait du tort ou nous ferait régresser ? » C'est la définition abrégée d'une « objection ». Vous invitez chaque personne à répondre simplement « objection » ou « pas d'objection ». Si quelqu'un répond « objection », vous l'invitez à dire pourquoi l'adoption de cette proposition causerait du tort ou ferait régresser le cercle.

Encore une fois, n'oubliez pas que l'on protège la capacité du cercle à exprimer sa raison d'être et ses redevabilités et non les préférences personnelles et les idées des membres de cercle. Il faut donc que l'objection soit liée à l'un des rôles rempli par l'objecteur et décrive en quoi la proposition empêcherait le rôle d'exprimer sa raison d'être et de mettre en œuvre ses redevabilités. Ainsi, l'organisation n'est pas trop influencée par les opinions et sentiments individuels n'ayant pas de rapport avec la mission de l'objecteur. Bien facilité, le processus aide les participants à entrer dans un espace plus impersonnel de gouvernance de l'organisation. Le tour de réaction est l'occasion de repérer et de respecter les différentes émotions personnelles, mais lorsque vous passez au tour d'objection, les émotions ne sont plus le sujet. Ceci dit, vos émotions *peuvent* servir d'indices concernant la raison pour laquelle une proposition serait susceptible de causer du tort aux rôles. Les émotions personnelles sont donc des sources d'information précieuses, mais ne constituent pas un critère de décision en soi. Personne n'est réduit au silence, mais les ego ne doivent pas dominer.

Le processus d'objection peut sembler simple, mais ce n'est pas le cas. C'est là que votre rôle de facilitateur est crucial car votre mission est de tester les objections émises afin de découvrir si elles remplissent les critères de validité. La constitution de *Holacracy* fournit quatre critères de validité. Nous détaillerons chaque critère à travers des exemples afin que vous sachiez comment ils s'articulent.

Une objection valide soulève une nouvelle tension qui naîtrait de l'adoption de la proposition, en respectant *toutes* les conditions suivantes :

1. Si l'objection n'était pas traitée, la proposition causerait du tort au cercle, ce n'est pas simplement qu'elle n'améliorerait pas les choses (à savoir qu'elle diminuerait la capacité actuelle du cercle à exprimer sa raison d'être) *et*
2. L'objection serait créée spécifiquement par l'adoption de cette proposition et n'existerait donc pas si la proposition était

abandonnée (à savoir que ce n'est pas une tension existant initialement) *et*

3. L'objection résulte de données connues à ce jour ou, s'il s'agit d'une anticipation, il n'y aurait pas moyen de s'adapter avant qu'elle cause du tort (à savoir que nous ne pourrions pas prendre le risque d'essayer et s'adapter plus tard au besoin) *et*
4. Si la proposition avait déjà été adoptée, l'objecteur pourrait processer son objection comme proposition valide (à savoir que la proposition limite l'un des rôles de l'objecteur).

Sinon, la constitution autorise également l'objection selon laquelle la proposition serait anticonstitutionnelle (par exemple, « résultat de gouvernance non valide »), même si l'objection ne respecte pas les quatre critères. En dehors de ce cas spécial, on vérifie si les objections répondent aux critères en posant simplement des questions. Il faut un peu de temps pour s'habituer au processus, mais une fois que vous avez bien cerné ces critères, cela devient assez naturel et vous savez d'emblée quelles questions poser pour tester les objections. En attendant, lisez simplement les questions figurant dans le schéma ci-dessous lorsqu'une objection est émise. Ça peut paraître idiot, mais cela fonctionne très bien et l'équipe pourra ainsi apprendre à maîtriser le processus.

TESTER LES OBJECTIONS

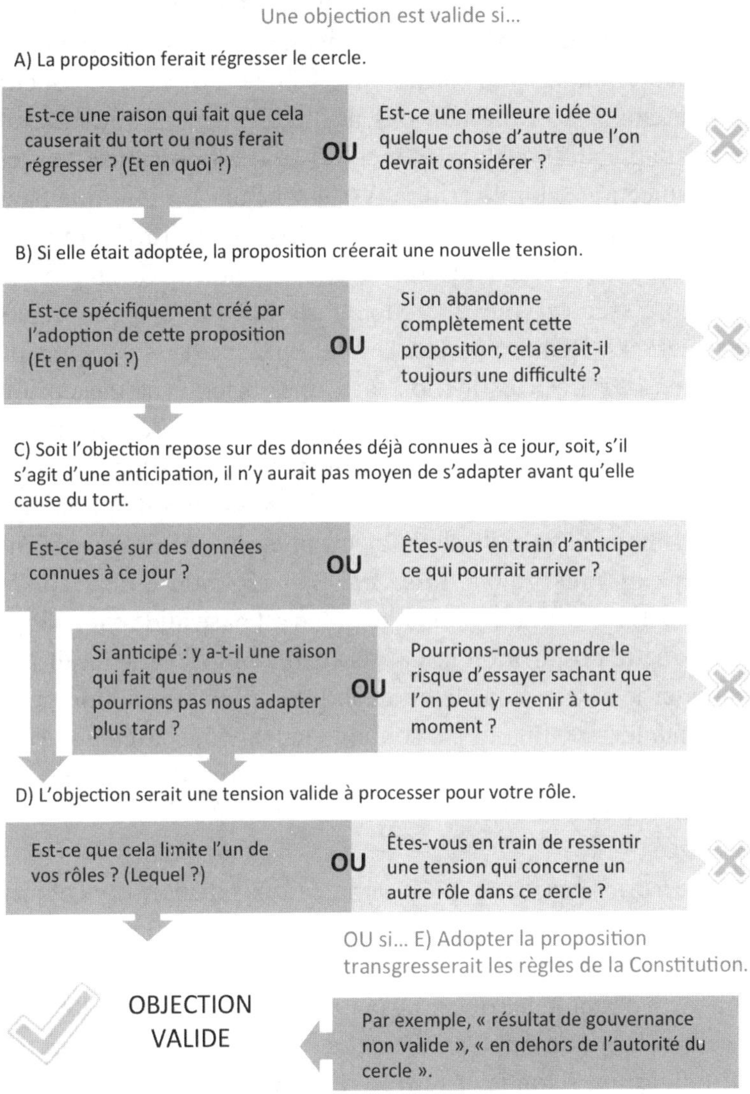

Pour l'heure, poursuivons notre exemple afin de voir comment tester les objections lors d'un tour d'objections. La proposition mise sur la table est d'étoffer la redevabilité actuelle du cercle « marketing » (« promouvoir l'entreprise et ses gadgets ») en ajoutant la condition selon laquelle cette promotion doit s'effectuer

« conformément aux objectifs d'utilisation de chaque type de gadget ». *Responsable site Web* émet la première objection : « Le contenu rédigé par *Marketing* est excellent pour nos publicités papier, mais, pour notre site Web, le style et la longueur du contenu ne conviennent pas. Il faut également que *Marketing* s'adapte au style du contenu Web. » Il est possible de tester cette objection selon le critère A) du schéma. En tant que facilitateur, vous pourriez demander : « Est-ce une raison qui fait que *cette* proposition causerait du tort ou nous ferait régresser ou bien ressentez-vous quelque chose d'autre que l'on devrait considérer ? » Remarquez la formulation de la question, qui aide l'objecteur à faire la distinction entre une objection et une tension séparée. Si vous aviez seulement formulé la première partie de votre question, vous auriez probablement eu un simple « oui » comme réponse, ce qui n'aurait aidé aucune des deux parties à déterminer la validité de l'objection émise. Mais, disposant des deux options, *Responsable site Web* répond : « La seconde option ». Il dit donc que son objection n'est pas valide car l'adoption de cette proposition ne causerait aucun tort et ne ferait pas régresser le cercle. Vous le lui expliquez et l'invitez à ajouter sa tension à l'ordre du jour s'il souhaite la traiter séparément. (Un nouveau point peut être ajouté à l'ordre du jour dès que celui en cours a fini d'être traité.)

Dans certains cas, cette question ne fait pas disparaître l'objection, car la proposition causerait en effet du tort. Par exemple, *Responsable site Web* dit : « Oui, elle causerait du tort, car il existe déjà plein de contenus que je ne peux pas utiliser pour le site Web et cela en ferait un de plus ». Dans ce cas, vous pouvez poser une autre question selon le critère B). Par exemple : « Dans ce cas, si cette proposition était carrément retirée, est-ce que la tension que tu exprimes à travers ton objection existerait toujours ? » Si l'objecteur répond : « Oh oui, elle serait toujours là ! », cela vous indique que l'objection n'est pas valide car cette proposition ne créerait aucune *nouvelle* tension. C'est plutôt le signe qu'une tension existe déjà dans le système. Cette objection peut parfaitement être valide comme tension à inscrire à l'ordre du jour, mais pas comme objection à la proposition en cours. L'adoption de cette proposition ne nous ferait pas *régresser*, mais ne nous ferait tout simplement pas *avancer* eu égard au problème soulevé. Mais la seule tension que nous essayons de traiter, afin d'avancer, est uniquement celle du proposeur, rien d'autre.

L'objection suivante paraît raisonnable : « *Marketing* ne comprend peut-être pas suffisamment les objectifs d'utilisation pour bien communiquer dessus ». Mais, là encore, la formulation révèle un indice, le mot « peut-être ». En tant que facilitateur, ce mot vous indique que l'objection est peut-être une anticipation et ne repose pas sur ce que l'on sait dans l'instant. Vous devez la tester selon le critère C). Vous lui demandez donc : « Vous basez-vous sur des données déjà connues à ce jour ou êtes-vous en train d'anticiper ce qui pourrait arriver ? » L'objecteur vous dit qu'il anticipe, ce qui pourrait ne pas être gênant. Vous enchaînez donc avec une autre question : « Y a-t-il une raison qui fait que nous ne pourrions pas nous adapter plus tard lorsqu'on aura plus d'informations ou pourrions nous prendre le risque d'essayer sachant qu'on peut y revenir à tout moment ? » L'objecteur vous dit qu'on peut assurément essayer sans problème. Cela montre donc que cette objection n'atteint pas le seuil de validité.

L'objection suivante est émise par le premier lien du cercle « production gadgets », toujours prêt à rendre service : « Objection : déjà que *Marketing* a plein de choses à gérer, je crains que ce soit difficilement faisable. » Vous testez cette objection en fonction du critère D) : « Est-ce que cette proposition limite l'un de vos rôles ou êtes-vous en train d'essayer d'aider un autre rôle ou le cercle dans son ensemble ? » Le premier lien avoue que cela ne concerne pas ses rôles, il essaie simplement d'apporter son aide. Il vient donc de vous dire que l'objection n'est pas valide – mais cela aurait pu être le cas si quelqu'un représentant le cercle « marketing » l'avait émise et qu'elle répondait aux autres critères.

Ces exemples vous montrent comment vous servir des critères, à travers des questions, pour tester les objections. Continuons le tour d'objection :

Quelqu'un dit : « Je ne pense pas que ce soit nécessaire. Les descriptifs marketing sont parfaits ainsi ». Cette objection ne respecte pas le critère A) – l'objecteur peut estimer que le changement n'est pas nécessaire, mais s'il ne dit pas quel tort causerait la proposition, son avis est hors de propos. En outre, la proposition ne parle pas de la qualité actuelle des descriptifs, mais précise qu'ils devraient être rédigés conformément aux objectifs d'utilisation.

Outre le fait qu'elle ne réponde pas aux critères passés en revue ci-dessus, une objection peut également être invalide si elle repose sur une incompréhension des règles de *Holacracy* et donc de ce qui est proposé. Supposons que le second lien *Marketing* soulève l'objection suivante : « Nous ne disposons pas des ressources pour mettre en œuvre la proposition. » L'objection renferme la raison même de son invalidité, à savoir le terme « ressources ». Vous êtes dans une réunion de gouvernance et les décisions en matière de gouvernance ne peuvent porter sur l'affectation de ressources. Ajouter une redevabilité, c'est uniquement attendre de la personne affectée au rôle (ou, dans ce cas précis, du sous-cercle) qu'elle définisse des projets ou actions susceptibles de mener l'activité à bien, puis décider comment répartir le temps et les ressources dont elle dispose entre les projets et actions potentiels.

Autrement dit, vous pouvez mettre en œuvre la redevabilité consistant à « aligner le marketing sur les objectifs d'utilisation » en prenant une action qui dure soixante secondes (copier-coller directement ces objectifs dans le contenu marketing) ou en exécutant un processus prenant soixante minutes (revoir ces objectifs) ou en passant six mois et en dépensant des millions de dollars pour faire appel au cabinet de conseil McKinsey, qui se chargera de lancer une étude minutieuse sur le sujet. Quelle que soit l'option prise, vous mettez en œuvre la même redevabilité.

En gouvernance, *on « affecte » une prise de conscience, pas des ressources* – vous définissez où se réalise le travail et qui cernera bien la proportion de ressources à affecter, au vu des autres missions à mener avec ces ressources. Vous dissolvez l'objection du second lien *Marketing* en expliquant cela, puis vous lui demandez s'il voit une autre raison pour laquelle la proposition causerait du tort ou ferait régresser le cercle, sachant qu'aucune ressource n'est affectée.

Une fois cette potentielle objection dissoute, le premier lien *Marketing* en émet une autre : « Objection : je ne comprends vraiment pas la teneur de ces objectifs d'utilisation ni sur qui je peux compter pour qu'ils soient définis. » Cette objection semble valide à tous égards. Si vous avez un doute, vérifiez en posant quelques-unes des questions mentionnées plus haut – si elle est valide, elle devrait passer ce test avec succès.

Au final, cette objection s'avère valide et vous l'ajoutez à la liste des objections à régler en l'inscrivant sur le tableau. Mais vous ne la traitez pas encore, car vous devez attendre que le tour d'objection soit terminé et que chaque membre de cercle ait eu le loisir de s'exprimer. Vient ensuite le tour de *Ventes*, qui dit : « Objection : la proposition ne traite pas la tension, car d'autres facteurs sont à l'origine du problème. » Mais vous ne tentez de régler la tension que du point de vue du proposeur. L'avis des autres sur la pertinence de la solution est donc hors de propos. Si d'autres membres pensent qu'il demeure des tensions, ils peuvent les ajouter à l'ordre du jour. Vous posez donc la question suivante : « Voyez-vous une raison qui fait que l'adoption de cette proposition causerait du tort ou pensez-vous simplement que la proposition ne traite pas la tension ? » La réponse est la seconde partie et il vient donc juste de vous dire que l'objection n'est pas valide. Ce n'est pas une raison qui fait que l'adoption de la proposition causerait du tort.

Vous poursuivez le tour d'objection jusqu'à ce que toutes les objections aient été émises et testées. N'oubliez pas, en tant que facilitateur, vous devez veiller à ce que le processus de test des objections demeure simple. Votre rôle n'est pas de tirer des conclusions sur la validité des arguments formulés, mais de tester simplement les objections en faisant preuve d'une curiosité scientifique, jusqu'à ce que la validité ou l'invalidité soit clairement établie. Votre but est que l'objecteur vous dise si l'objection est valide. Si un membre peut vous donner un argument spécifique et justifié qui montre *en quoi* l'objection répond à chaque critère, alors la constitution considère l'objection comme valide, que vous soyez ou non d'accord avec les arguments déployés. En tant que facilitateur, vous jugez seulement *si* un argument précis est donné pour chaque critère de validité. Vous n'avez pas à juger la *validité* de ces arguments.

Une fois toutes les objections formulées et testées, vous êtes prêt à intégrer celles qui sont valides et qui amèneront à modifier la proposition.

➔ Intégration

Dans cet exemple, une objection s'est avérée valide et a été inscrite sur le tableau : « La nature des objectifs d'utilisation et du rôle chargé de les définir demeure peu claire. » Vous incitez le groupe à se pencher sur cette objection : « Que pourrions-nous ajouter à cette proposition ou comment pourrions-nous la modifier pour faire disparaître cette objection, tout en traitant la tension initiale ? » Personne ne proposant immédiatement une solution, vous posez la question à l'objecteur remplissant le rôle de premier lien *Marketing* pour amorcer le processus de recherche. En tant qu'objecteur, il lui incombe d'essayer de trouver une façon d'intégrer. « Eh bien, nous pouvons clarifier à qui revient la tâche de définition de ces objectifs d'utilisation, répond-elle. Quelqu'un d'autre ajoute : « C'est à *Conception gadgets* de s'en charger et ils doivent être publiés en interne pour quiconque en ayant besoin ».

Une redevabilité pourrait donc être définie et vous vous tournez donc vers le premier lien *Marketing* : « Si nous ajoutions une redevabilité à *Conception gadgets* ("définir et publier les objectifs d'utilisation pour chaque type de gadget"), de façon à ce que vous sachiez clairement que vous pouvez attendre cela de la part de *Conception gadgets*, est-ce que cela lèverait ton objection ? » Elle répond « oui » très rapidement et vous vérifiez de votre côté auprès du proposeur : « Est-ce que cet ajout à ta proposition traiterait toujours ta tension initiale ? » Vous obtenez là encore une réponse affirmative. Vous cochez l'objection et veillez à ce que le secrétaire ait bien noté la proposition modifiée comprenant deux parties – la redevabilité étoffée de *Marketing* et une nouvelle redevabilité pour *Conception gadgets*. Une fois toutes les objections cochées, le moment est venu d'arrêter l'intégration et d'avancer. Après avoir bouclé la phase d'intégration, vous refaites toujours un tour d'objection afin de tester la proposition modifiée et de voir si de nouvelles objections émergent. Si aucune nouvelle objection n'est émise, la proposition est adoptée.

LE POUVOIR DE L'INTÉGRATION DES POINTS DE VUE

Comme nous l'avons vu dans cet exemple, en *Holacracy*, les réunions de gouvernance permettent à tous les membres d'une équipe de formuler des propositions et d'émettre des objections en étant assurés que leurs tensions seront intégrées et réglées. L'organisation évite ainsi de « surclasser le voyant de basse tension », car il suffit qu'une personne ressente une tension pour qu'elle soit résolue ou empêche une proposition d'un autre membre de causer du tort. Mais ce processus ne repose cependant pas sur le consensus. Une personne suffit pour qu'une tension soit considérée comme pertinente, même si elle est la seule à la ressentir et il n'y a aucun « consensus » sur le sujet. En outre, lorsque vous cherchez à résoudre une tension, vous ne cherchez pas à rallier les autres personnellement à votre « cause » ou à obtenir un consensus. Il vous faut simplement des données de la part des différents rôles, concernant uniquement l'éventuel tort ou régression causée au cercle (à savoir que sa capacité à exprimer sa raison d'être soit réduite). Un processus nécessitant un consensus est contraire à un processus cherchant à régler chaque tension et se voulant véritablement intégratif. C'est également le meilleur moyen de laisser les ego, la peur ou la pensée collective nuire à la raison d'être de l'organisation.

Mais même avec un processus intégratif rapide, la plupart des décisions à prendre au quotidien sont relativement simples et représentent un risque minime. Ce serait donc une perte de temps importante d'employer systématiquement ce processus. La prise de décision intégrative n'est donc utilisée que dans le domaine fondateur de la gouvernance et ne saurait servir pour les décisions opérationnelles (à moins que son utilisation soit dictée par une décision explicite de gouvernance). Ainsi, en *Holacracy*, le processus intégratif sert à définir l'espace pour le contrôle autocratique dans des domaines bien précis et à définir les limites de ce contrôle. Par exemple, un cercle chargé d'une gamme de produits peut utiliser le processus de prise de décision intégrative pour définir un rôle gérant toutes les analyses de prix et les décisions concernant ses produits. Il pourra ainsi assigner au rôle la redevabilité suivante : « définir des modèles de prix pour ses produits », ce qui octroie à la personne remplissant le rôle l'autorité nécessaire pour exécuter cette tâche. Cependant, le cercle peut également définir une limite ou une attente supplémentaire associée à cette autorité – par exemple, que la personne affectée au rôle aligne les prix sur les profils des consommateurs cibles définis par un autre rôle ou de faire en sorte que *Finances* évalue la rentabilité d'un modèle de prix donné. De telles contraintes peuvent prendre la forme de redevabilités supplémentaires, d'une clause additionnelle sur la redevabilité visant la fixation des prix ou de la création d'une politique distincte.

Si les rôles, redevabilités et autorités sont définis concrètement à l'aide d'un processus intégratif, le cercle habilite ses membres à exécuter ses tâches et à prendre des décisions précises concernant ces tâches en dehors des réunions de gouvernance. Dans le même temps, tous les membres de cercle ont la possibilité d'avoir recours à ce processus de prise de décision intégrative dans le but d'affiner ces conditions d'exercice de l'autorité lorsque des tensions apparaissent naturellement au cours des opérations. La structure et les règles de ce processus garantissent la prise en compte des tensions en vertu de la raison d'être du cercle et empêchent l'apparition de tout comportement destructeur.

Sur le plan humain, des réunions de gouvernance régulières peuvent transformer l'atmosphère régnant au sein d'une équipe. Sans gouvernance claire, les attentes (qui doit faire quoi et comment ?) sont uniquement implicites. Sans processus de gouvernance précis, il est facile de critiquer les autres, de rejeter la faute sur autrui à coups de non-dits et d'hypothèses implicites ou d'éviter ces problèmes en contraignant les gens à respecter des attentes implicites, souvent par le biais de cajoleries politiques ou d'une recherche de consensus. Une fois les réunions de gouvernance mises en place, les membres de l'équipe disposent d'une tribune pour transformer la frustration générée par des attentes déçues en apprentissage collectif et progression continue. Ils bénéficient alors d'un processus plus efficace pour définir les normes communes dont a besoin toute équipe. Jouer la carte politique perd alors de son utilité et les problèmes de personnes laissent place à une discussion plus sincère à propos de la manière de faire évoluer l'organisation en fonction de ses objectifs et d'une raison d'être plus large dans le monde.

7

STRATÉGIE ET PILOTAGE DYNAMIQUE

> *Quand le nombre de facteurs entrant en jeu dans un complexe phénoménologique est trop grand, la méthode scientifique, dans la plupart des cas, échoue à s'imposer. Il suffit de penser à la météo, pour laquelle la prévision, même à quelques jours, est impossible.*
>
> ALBERT EINSTEIN, *Physique, philosophie, politique*

Le paradigme opérationnel que je décris repose fortement sur l'implication individuelle, les personnes devant gérer et définir la priorité de leurs propres tâches et responsabilités. Mais comment veiller à l'alignement au sein d'une équipe et encore plus dans une organisation d'envergure ? Dans une entité fonctionnant en *Holacracy*, au sein de laquelle l'autorité est véritablement distribuée et il n'existe pas de leader héroïque, il est essentiel d'aligner nos activités, pas seulement les uns sur les autres, mais sur les notions essentielles pour exprimer la raison d'être de l'organisation. Les réunions de triage aident indéniablement, mais il existe un autre élément clé pour guider notre prise de décision et nous aider à tous tirer dans le même sens :

une stratégie. Une bonne stratégie nous aide à effectuer de meilleurs choix au quotidien en termes de priorités et d'orientation opérationnelle.

La notion de stratégie revêt une dimension temporelle axée sur l'avenir. Mais lorsque nous tentons de nous engager sur l'avenir, nous nous retrouvons sur un terrain glissant. Trop souvent, la stratégie d'entreprise repose sur le principe erroné selon lequel il est possible de prédire l'avenir d'une manière fiable. Nassim Nicholas Taleb, l'un des auteurs les plus brillants sur l'illusion de la prédictibilité, a dit : « Nous ne pouvons pas vraiment planifier parce que nous ne comprenons pas l'avenir – mais ce n'est pas nécessairement une mauvaise nouvelle. Nous pourrions le faire *en gardant à l'esprit ces limitations.* Cela requiert simplement du courage. »* Eric Beinhocker va dans le même sens : « On s'attend à ce que les dirigeants d'entreprise se comportent en généraux courageux capables de prédire l'avenir, d'échafauder de grandes stratégies, de mener leurs troupes à une bataille couronnée de succès – puis ils sont virés à la première escarmouche perdue. Il faut des dirigeants courageux pour faire reculer cet état d'esprit, admettre l'incertitude inhérente à l'avenir et privilégier l'apprentissage et l'adaptation au détriment de la prédiction et de la planification. »**

Comme le soulignent Taleb et Beinhocker, dans la plupart des organisations conventionnelles, la stratégie est l'essence même de l'approche prévision-contrôle – en déterminant une stratégie, nous fixons les bons objectifs, puis choisissons un itinéraire pour les atteindre. Toute cette approche repose sur un faux raisonnement. Bien qu'il soit possible de prévoir certaines choses, celles qu'il est impossible de prévoir sont bien plus nombreuses. Nous ne pouvons connaître la future situation économique ou celle de notre secteur d'activité, prévoir les innovations qui vont perturber le marché ou les opportunités susceptibles d'apparaître. Il serait

---

* Nassim Nicholas Taleb, *Le Cygne noir : la puissance de l'imprévisible*, traduit par Christine Rimoldy, Les Belles Lettres, Paris, 2011, p. 214.
** Eric Beinhocker, *The Origin of Wealth*, *op.cit.*, p. 347.

plus facile de dresser la toute petite liste de ce que nous pouvons prévoir en toute fiabilité que d'énumérer l'imprévisible, que nous nous évertuons malgré tout trop souvent à essayer d'envisager.

Lorsque nous tentons de prédire l'avenir dans un univers imprévisible, nous nous berçons non seulement d'illusions, mais pire, nous diminuons notre faculté à détecter et nous ajuster à la réalité du moment. Quand nous nous imposons des choses – comme dans « Je dois être au point X dans cinq ans » – nous créons avec ce résultat un attachement qui limite notre capacité à détecter toute déviation par rapport au cap fixé. Il se peut également que nous ne percevions pas le conflit entre l'objectif initial et les opportunités qui se présentent. Pour illustrer cette situation fâcheuse, servons-nous de l'une de mes métaphores préférées, qui m'est venue il y a longtemps, lorsque j'utilisais des méthodes d'édition de logiciels agiles. Cette métaphore devrait permettre d'illustrer la différence en termes de paradigme entre la stratégie conventionnelle et *Holacracy*, avant que nous plongions au cœur de ce que la constitution de *Holacracy* définit comme une « stratégie » et du mode d'utilisation de cette dernière.

Imaginez que vous fassiez du vélo comme on gère la plupart des organisations modernes. Vous organiseriez une grande réunion afin de décider l'angle que doit présenter le guidon. Vous détailleriez le plus possible votre itinéraire en répertoriant tous les obstacles connus, le moment précis où vous devrez les éviter, ainsi que la trajectoire nécessaire pour cela. Puis vous enfourcheriez votre vélo, tiendriez fermement le guidon selon l'angle défini, fermeriez les yeux, puis rouleriez conformément au plan. Vous n'avez pratiquement aucune chance d'atteindre votre objectif, même si vous parveniez à garder le vélo bien droit pendant tout le parcours. Et lorsque vous tombez, vous vous demandez probablement, « Pourquoi n'y sommes-nous pas arrivés la première fois ? », voire « Qui a merdé ? »

Cette approche ridicule n'est pas loin de correspondre à l'approche adoptée par de nombreuses organisations pour leur planification stratégique. En revanche, *Holacracy* aide une organisation à fonctionner à la manière dont nous faisons habituellement du vélo, selon un paradigme de pilotage dynamique, à savoir un ajustement permanent selon les retours obtenus, faisant ainsi naître un cheminement plus organique. Si vous observez un cycliste très doué, vous constaterez une oscillation permanente car il reçoit sans arrêt des informations sensorielles sur sa situation et son environnement lui permettant de corriger légèrement sa direction, sa vitesse, son équilibre et son aérodynamisme. Cette oscillation intervient car il maintient un équilibre dynamique tout en avançant. Les informations qu'il reçoit rapidement lui permettent de respecter les contraintes de l'environnement et de son matériel. Au lieu de perdre beaucoup de temps et d'énergie à prévoir précisément à l'avance le « bon » itinéraire, il garde son but en tête, reste focalisé sur l'instant présent et avance le plus naturellement du monde. Cela ne signifie pas qu'il n'a aucun plan ou tout du moins aucune idée de son itinéraire, mais qu'il parvient à mieux contrôler sa progression en se livrant en permanence à la réalité ambiante et en se fiant à sa capacité à ressentir les choses et à réagir instantanément. De même, l'occasion s'offre à nous d'afficher un meilleur contrôle dans nos organisations en affrontant la réalité et en nous adaptant, en permanence.

Lorsque nous nous attachons à un résultat précis prévu à l'avance, nous risquons de nous retrouver à combattre la réalité quand celle-ci ne correspond pas à notre prévision. Si nous constatons que nous avons dévié du bon cap, nous pouvons en conclure, parfois inconsciemment, que nous sommes très certainement dans l'erreur. Juger ainsi la réalité nuit à notre capacité d'adaptation et nous incite à lutter contre la vérité indésirable, à essayer de forcer la réalité à être conforme à la vision que nous avions. Il s'agit là d'une stratégie loin d'être efficace pour gérer la complexité fluctuante du monde des affaires actuel. Lorsque la réalité entre en conflit avec nos plans les mieux échafaudés, c'est généralement la réalité qui l'emporte.

Je dois faire remarquer qu'adopter une approche plus dynamique pour gagner en contrôle ne revient pas à « ne rien prévoir », tout comme on n'avance pas à vélo « sans piloter ». Il s'agit de modifier notre relation aux prévisions et plans, en les considérant parfois comme des faux raisonnements utiles et non comme des outils essentiels pour contrôler l'organisation. Et il s'agit d'être en phase avec l'instant présent afin de toujours pouvoir piloter en fonction de la réalité. Lorsque ce pilotage dynamique est de qualité, l'organisation et ses employés peuvent agir de manière décisive en fonction des événements se produisant au quotidien, à l'instar de l'expert en arts martiaux ou du maître zen.

Dans les règles fondamentales de *Holacracy* figure déjà un processus de contrôle plus dynamique. Vous avez peut-être remarqué que dans les processus de réunion de gouvernance et de triage, l'accent est mis sur l'obtention rapide d'une décision *praticable.* Puis c'est la réalité qui conditionne l'étape suivante, au lieu de se tourmenter sur ce qui pourrait se produire si l'on aboutissait à la meilleure décision théorique, laquelle n'est pas idéale. Une des règles de base de la gouvernance en *Holacracy*, c'est que n'importe quelle décision peut être revue à tout moment. Cela permet aux équipes de passer rapidement des discussions et de la planification à la mise à l'épreuve concrète des décisions, puis aux enseignements à tirer des résultats obtenus. Une structure initialement imparfaite peut facilement devenir conforme aux besoins grâce au processus consistant à se confronter à la réalité et à intégrer le feedback reçu. Cela concerne également de nombreux projets et d'autres questions opérationnelles.

Si vous tenez à recourir à la planification stratégique conventionnelle malgré ces avertissements, la constitution de *Holacracy* ne l'interdit absolument pas – mais à cause de ses règles et processus, vous aurez beaucoup de mal à actionner les comportements des autres sur la base d'objectifs fixés à l'avance. Aucune règle ne requière que quelqu'un prédise ou contrôle l'avenir. Mais la constitution offre d'autres outils favorisant un alignement stratégique et une priorisation plus dynamiques au sein d'une équipe. C'est ce que nous allons étudier.

LA STRATÉGIE EN HOLACRACY

Nous ne sommes peut-être pas capables de tracer l'itinéraire parfait vers l'avenir idéal, mais nous pouvons souvent établir quelques principes pour nous guider dans la navigation. Sans essayer de prévoir précisément les embranchements sur lesquels nous allons tomber, nous pouvons nous demander ce qui nous aidera à prendre les meilleures décisions une fois parvenus à un embranchement. Lorsque nous prenons du recul pour observer le contexte général et les options à notre disposition, il en ressort souvent des lignes directrices telles qu'« avancer vers l'est » ou « préférer les routes faciles aux routes les plus directes ». Une règle générale comme celle-là est très utile pour profiter des enseignements que nous avons découverts lorsque nous avons eu le temps de prendre du recul et d'analyser la situation dans son ensemble Quand nous distillons ces enseignements, ce savoir en directives claires, nous pouvons les appliquer plus facilement et plus régulièrement dans le tourbillon du travail quotidien.

C'est la forme que revêt la stratégie en *Holacracy* – à savoir une règle générale facile à retenir qui favorise la prise de décision instantanée et la priorisation (le terme technique de ce genre de règle est « heuristique »). Il me semble utile de désigner ces règles d'aide à la décision à travers une expression très simple : « Privilégier X, même sur Y », X correspondant à une activité ou à un objectif potentiellement précieux et Y à une autre activité ou à un autre objectif potentiellement précieux. Mais sachez que vous n'avez pas d'un côté X qui est bien et Y qui n'est pas bien. « Privilégier le service client, même sur *faire chier les clients* » n'est pas un conseil utile. X et Y doivent être tous deux positifs, afin que la stratégie vous permette de savoir quelle option privilégier, vu la situation actuelle. Par exemple, l'une des stratégies d'HolacracyOne au début du développement de notre entreprise était de « privilégier *documenter et s'aligner sur les standards*, même sur *développer et co-créer des nouveautés* ». Vous remarquerez que ces deux activités sont positives pour une organisation, mais également opposées (polarités), en tension l'une par rapport à l'autre. Notre stratégie n'est pas une déclaration de valeur générale et universelle. En fait, si nous essayions de l'appliquer définitivement, elle finirait indubitablement par causer du tort. Il arrive qu'il soit essentiel de privilégier le développement et la co-création de nouveautés sur le respect des standards. Mais, pour HolacracyOne, vu le contexte de l'époque, les récents événements passés et la raison d'être que nous servons, voici ce qu'il nous semblait préférable de privilégier, tout du moins temporairement : la standardisation, même au détriment de l'exploration de nouvelles opportunités passionnantes.

Bien entendu, personne ne s'opposait à la création de nouveautés – c'est à mes yeux le moyen le plus naturel de procéder. Pendant nos premières années de développement, chaque événement ou formation que nous organisions était unique, conçu de concert avec divers partenaires qui proposaient de nous accueillir et d'aider à communiquer. Cela nous a permis d'explorer les nouveaux univers que nous pénétrions, a généré beaucoup de mouvement et donné naissance à des relations importantes. Mais, très vite, notre penchant pour la création et la conception d'offres passionnantes est devenu intenable à ce stade de notre développement. Quand chaque offre est un produit personnalisé et que chaque partenariat nécessite un accord spécifique, cela coûte cher. Nous avons accouché de la stratégie que j'ai citée afin de retrouver un équilibre, de stabiliser l'organisation et de la rendre plus efficace et pérenne. Face aux décisions que nous devions prendre quotidiennement, cette stratégie nous a servi de guide et permis de bien nous centrer. Enfin, elle est devenue hors de propos – nous avions intégré plutôt bien ces pôles et trouvé une certaine harmonie entre les deux. Le moment était venu de passer à autre chose.

Voici un exemple de l'utilité de la stratégie privilégiant la standardisation : dans mon rôle *Conception de programmes* au sein de notre cercle « éducation *Holacracy* », je recevais de temps en temps un courriel de la part de quelqu'un ayant entendu parler de *Holacracy*, s'étant laissé inspirer et souhaitant désormais conclure un partenariat afin de créer un nouveau type d'événement dans son secteur d'activité. Ce genre d'opportunités m'enthousiasme, mais notre stratégie m'a rappelé qu'à ce stade de notre évolution, je devais plutôt m'investir dans la standardisation de nos événements et programmes existants – même si cela impliquait de passer à côté de cette opportunité.

La stratégie privilégiant la standardisation a aidé notre rôle *Relations client* lorsqu'elle s'est posé une question à laquelle elle n'avait jamais répondu. Plutôt que de répondre rapidement dans un courriel et de passer à autre chose, elle a pris le temps de créer une réponse standardisée qu'elle a documentée ou de l'ajouter à la FAQ de notre site Web, de façon à ne pas devoir tout reprendre de zéro la prochaine fois qu'une question similaire serait posée.

PRÉDICTION *VERSUS* PROJECTION

Si l'approche de *Holacracy* en termes de stratégie rechigne à se baser sur des prédictions, cela ne signifie pas qu'il est inutile de se projeter et d'anticiper. À cet égard, il vaut mieux bien cerner la différence entre une prédiction et une projection. « Prédire » vient du latin *prae-*, « avant », et *dicere* « dire » – littéralement, cela signifie donc « dire avant » ou « présager, prophétiser ». Par contre, « projeter » vient du latin *pro-*, « avant » et *jacere*, « jeter » – par conséquent, « jeter en avant ». Pour jeter en avant, vous devez être bien ancré là où vous vous trouvez : la réalité actuelle. Obtenir des données et les « jeter en avant » pour savoir où vous mènent les événements est souvent utile pour mieux comprendre votre situation. Et c'est différent de « présager et prophétiser » la future réalité.

LES RÉUNIONS DE STRATÉGIE

La constitution de *Holacracy* demande aux personnes d'aligner leurs décisions opérationnelles sur les stratégies définies par le premier lien d'un cercle. Il incombe à chaque premier lien de décider du processus à employer pour cerner les stratégies utiles. Dans certaines circonstances, il suffit au premier lien (et c'est même conseillé) de se servir de son jugement pour échafauder une stratégie. Bien entendu, il court ainsi le risque de passer à côté d'autres points de vue importants ou d'idées utiles et cette méthode n'exploite pas le savoir collectif des membres évoluant au sein du cercle. Un premier lien peut souhaiter recourir à une séance de remue-méninges afin de recueillir des éléments avant de déclarer l'adoption d'une stratégie, voire faire appel à un processus de groupe plus structuré spécialement conçu pour définir des stratégies à la mode *Holacracy*. Certains cercles et organisations avec lesquels j'ai travaillé ont adopté une politique nécessitant ce genre de processus, en limitant l'autorité autocratique du premier lien à définir une stratégie.

Bien que la constitution ne cite aucun processus particulier pour l'établissement de stratégies, nous en avons essayé plusieurs au fil des ans dans mon organisation et avons aidé nos clients à en faire de même. Résultat, nous avons proposé une « réunion de stratégie » générique qui fonctionne plutôt bien avec la plupart des cercles au sein desquels j'ai évolué. J'estime qu'il s'agit là d'une bonne option pour un premier lien recherchant un moyen efficace en la matière. Une réunion de stratégie semestrielle se tient généralement dans chaque cercle. Elle dure environ quatre heures, voire cinq ou six. Ces réunions ont pour but d'établir dans les grandes lignes l'historique récent du cercle et la situation actuelle afin d'orienter tout le monde, puis d'identifier les stratégies qui aideront l'équipe à aller de l'avant. Là où les processus de planification stratégique conventionnels recherchent avant tout un plan bien précis, ces réunions s'attachent à définir des règles générales satisfaisantes d'aide à la décision. Plutôt que de définir un « bon cap », elles ont pour mission de doter l'équipe de la boussole qui les guidera.

Voici un aperçu de ce processus de réunion.

PROCESSUS DE LA RÉUNION DE STRATÉGIE

1. **Tour d'inclusion**

2. **Orientation** : passage en revue de la raison d'être, du/des domaine(s) et des redevabilités du cercle et de toutes les stratégies du super-cercle.

3. **Rétrospective** :

- Chaque participant réfléchit en silence et note les faits, données et événements notables, ainsi que l'historique.
- Les participants mettent leurs notes au mur et regroupent celles qui sont apparentées.
- Les participants décrivent/clarifient les notes clés et se font part de leurs réflexions. Le facilitateur dresse une liste des principales tensions apparues quand les participants ont fait part de leurs réflexions.

4. **Génération de la stratégie** :

- Recensement et affichage des idées à tour de rôle : sur quoi devons-nous mettre l'accent au vu de ces tensions ?
- Discussion collective : quelle(s) stratégie(s) doit (doivent) nous guider pour aller de l'avant ?
- Le premier lien propose une ou plusieurs stratégies, lesquelles sont traitées via le processus de prise de décision intégrative.

5. **Intégration de la stratégie**

- Chaque participant réfléchit et note les projets et prochaines-actions à mener dans le cadre de son rôle.
- À tour de rôle, chaque participant révèle aux autres ce qu'il a retenu et sollicite/reçoit des suggestions et idées.

6. **Tour de clôture**

➔ 1. Tour d'inclusion

Comme dans les réunions de gouvernance et de triage, les réunions de stratégie commencent par un tour d'inclusion.

➔ 2. Orientation

Une fois le tour d'inclusion terminé, le facilitateur énonce la raison d'être, le/les domaine(s) et les redevabilités du cercle, ainsi que les stratégies définies par le super-cercle du cercle. Cette brève orientation sert à centrer tous les participants sur l'identité et le but du cercle, ainsi que sur le contexte et les éventuelles stratégies pertinentes existantes.

➔ 3. Rétrospective

La rétrospective a pour but de vous faire réfléchir sur le chemin emprunté jusqu'à présent et le paysage actuel. Notez et affichez les différents points pertinents, sans juger la vision d'ensemble obtenue, ni discuter de la façon de la faire évoluer. Contentez-vous d'apporter des éléments de façon à disposer d'une vision d'ensemble solide sur la situation actuelle. J'ai trouvé un moyen efficace de faciliter le déroulement de cette étape : distribuer de grandes notes adhésives sur lesquelles les membres de l'équipe inscrivent en grosses lettres leurs réflexions (une par note adhésive). Puis les participants les collent sur un mur afin que tous leurs collègues puissent les voir, avant de les regrouper en fonction de leur nature. Une fois cette phase de classement terminée, le facilitateur réclame des commentaires, des clarifications ou des réflexions sur les points affichés au sein de chaque catégorie. Les participants s'expriment à tour de rôle et le facilitateur note les éventuelles tensions ressortant.

➔ 4. Génération de la stratégie

L'étape suivante consiste, pour chaque personne, à réfléchir à la question suivante, « Sur quoi devrions-nous mettre l'accent pour contribuer à traiter ces tensions au quotidien ? » et de noter les idées émises. Vous remarquerez que vous ne demandez pas comment traiter ces tensions avec des actions ou projets précis ou une nouvelle gouvernance. Il s'agit de trouver une règle générale à appliquer. Chaque personne émet généralement deux ou trois idées, inscrites sur de grandes notes adhésives comme lors de l'étape précédente. Quand nous avons défini la première stratégie d'HolacracyOne, une fois ces notes accrochées au mur, il était évident qu'il fallait mettre l'accent sur la standardisation car un certain nombre de suggestions portaient d'une manière ou d'une autre sur ce sujet.

Une fois les suggestions affichées démarre une discussion plus convergente afin de trouver la stratégie proprement dite : « Sur quoi devrions-nous mettre l'accent ? Quelle stratégie devrait guider notre prise de décision ? » À ce stade, gardez à l'esprit le format que je préconise : « Privilégier X, *même sur* Y ». L'élément « *même sur* Y » de l'équation est important – sans lui, mettre simplement l'accent sur un élément en particulier ne serait pas aussi utile. « Privilégier *documenter et s'aligner sur les standards* » n'apporte pas grand-chose si on ne rajoute pas « même sur *développer et co-créer des nouveautés* ». Avec cette articulation explicite de la polarité, nous disposons soudain d'une aide précieuse à la prise de décision.

Autre exemple, un cercle avec lequel nous travaillions souhaitait modifier sa philosophie commerciale et marketing. Ils ont donc défini une stratégie consistant à « *attirer de manière authentique*, même sur *pourchasser* ». Seul, le premier élément de l'équation aurait constitué un aimable rappel, mais le second élément affirme réellement un changement de priorité.

Une fois l'alignement obtenu naturellement au terme de la discussion – ou lorsque le premier lien estime que l'équipe a réalisé une avancée suffisante et qu'il ne vaut pas la peine d'affiner plus la formulation –, le premier lien met un terme à la discussion et propose une ou plusieurs stratégies précises. Cette proposition est traitée à l'aide du processus de prise de décision intégrative, comme lors des réunions de gouvernance.

➲ 5. Intégration de la stratégie

Une fois la ou les stratégies définies, chaque personne prend quelques instants pour réfléchir : « Que pourrais-je faire, dans l'exercice de mes rôles, pour mieux mettre en œuvre la nouvelle stratégie ? », et noter les éventuelles idées ressortant de cette réflexion. Quand tout le monde s'est posé la question, les participants font part de leurs idées à tour de rôle, tandis que les autres peuvent apporter leur contribution et faire d'autres suggestions. Il en ressort généralement de nombreux nouveaux projets et actions, ainsi que des points à ajouter à l'ordre du jour de la prochaine réunion de gouvernance.

➲ 6. Tour de clôture

À l'instar des réunions de gouvernance et de triage, les réunions de stratégie se terminent par un tour de clôture, au cours duquel sont émises les dernières réflexions.

Un processus de réunion comme celui décrit ci-dessus peut vous aider à prendre l'habitude d'avoir un nouveau rapport à la stratégie. Il aide également une équipe à passer du mode prévision et contrôle statique à un pilotage dynamique. Ce dernier exige plus que quelques nouveaux principes ou un leadership inspiré. Il faut une pratique assidue au sein d'un système tel que *Holacracy*, avec un changement s'inscrivant au cœur des processus d'une organisation. Avec des systèmes et processus ainsi améliorés, la plupart des organisations peuvent accroître significativement leur capacité à naviguer au sein d'un univers moderne de plus en plus complexe, comme le cycliste chevronné descendant une rue bondée de monde – avec grâce, fluidité, conscience de soi et sans crainte.

LA DIMENSION ÉVOLUTIONNISTE

Dans le premier chapitre, j'ai déclaré qu'une organisation employant *Holacracy* n'est pas simplement évoluée mais *évolutionniste* – à savoir capable de s'adapter, d'apprendre et d'intégrer en exploitant le formidable pouvoir de détection de l'esprit humain. Je pense que *Holacracy* permet ce qu'Eric Beinhocker décrit comme l'élément essentiel pour mieux faire dans le monde de l'entreprise, « apporter "la dimension évolutionniste" et faire tourner les roues de la différenciation, de la sélection et du développement *entre* les quatre murs d'une entreprise ». Maintenant que nous avons traité la mécanique de la gouvernance et les principes essentiels d'un pilotage dynamique, j'aimerais revenir sur ce point essentiel et explorer comment une gouvernance axée sur le traitement régulier des tensions peut favoriser l'évolution au sein d'une entreprise.

« L'évolution crée des modèles, ou plutôt, découvre des modèles, par tâtonnements », écrit Beinhocker. « L'évolution est une méthode de recherche d'immenses espaces, presque infinis, de modèles possibles, pour la découverte, au final, d'une fraction presque infinitésimale de modèles qui conviennent à leur environnement et à leur raison d'être. » Il décrit l'évolution comme un « algorithme de recherche ».* La théorie évolutionniste moderne a identifié quatre éléments nécessaires pour qu'opère la magie de cet algorithme de recherche et qu'il libère le pouvoir du modèle évolutionniste :

- l'encodage d'un modèle ;
- un moyen d'expression du code ;
- un moyen de faire varier le code ;
- un moyen de tester la justesse d'un modèle et de développer des modèles plus adaptés.

Passons brièvement en revue ces éléments au sein du domaine biologique que nous associons le plus couramment à la notion

* Eric Beinhocker, *The Origin of Wealth*, *op.cit.*, p. 14.

d'évolution. Il existe tout d'abord l'encodage. Notre ADN encode un modèle. Il faut ensuite un moyen d'exprimer ce code. C'est le rôle de nos cellules – elles décodent l'ADN et révèlent le modèle qu'elles représentent dans l'univers. Troisièmement, il faut un moyen de faire varier le code. Chez les mammifères, c'est la reproduction sexuée et la mutation aléatoire. Quatrièmement, il faut un moyen de tester la justesse d'un modèle et de sélectionner les modèles adaptés à développer, tandis que les modèles inaptes sont rejetés et laissés de côté. Dans l'univers biologique, on appelle cela la sélection naturelle – processus grâce auquel les modèles adaptés à leur environnement survivent dans l'optique de se reproduire et de se développer, tandis que leurs cousins moins adaptés voient leur nombre diminuer et finissent par mourir.

Quand ces quatre éléments font leur apparition et fonctionnent ensemble, c'est un processus de création qui est lancé – le « modèle sans créateur » en apparence miraculeux qui a permis à la vie si diverse de naître sur cette planète. L'évolution prend un code, l'exprime, teste les résultats pour développer des modèles adaptés et supprimer les autres, puis le code varie afin de trouver des modèles encore meilleurs. Ce processus est itératif et s'affine de plus en plus en faisant preuve de créativité. Je qualifie *Holacracy* d'« évolutionniste » car cet algorithme est propulsé dans une organisation à l'aide de ces quatre mêmes éléments.

Quand je dis que *Holacracy* fonctionne grâce à l'évolution, ce n'est pas simplement une métaphore. Les résultats de gouvernance d'une organisation encodent le modèle de l'organisation – ses rôles, redevabilités, domaines et politiques. Dans les opérations d'une entreprise employant *Holacracy*, nous qui remplissons des rôles déchiffrons ce code et l'exprimons dans le monde. Les résultats sont testés sur le plan fonctionnel, ce qui correspond, en *Holacracy*, à la capacité de l'organisation à exprimer sa raison d'être avec un minimum de gaspillage. Les modèles conformes sont sélectionnés et conservés et si un modèle n'est pas très adapté à une raison d'être, des tensions font leur apparition. C'est notre capacité à ressentir et processer ces tensions lors de réunions de gouvernance qui nous permet de modifier le code : nous faisons évoluer le modèle de l'organisation grâce au processus de gouvernance de *Holacracy*, une tension à la fois. Chaque itération successive via la gouvernance offre une nouvelle variante du code de l'organisation et chaque variante s'exprime puis est testée dans le cadre d'une procédure continue, alors que l'innovation évolutionniste fait avancer l'organisation. En *Holacracy*, ce n'est pas une seule personne ni un seul groupe qui conçoit l'organisation, le modèle résultant d'un algorithme évolutionniste – et c'est une bonne chose, car, pour trouver des modèles adaptés, l'évolution est bien plus intelligente que nous.

PARTIE 3
L'ÉVOLUTION INSTALLÉE : *HOLACRACY* AU QUOTIDIEN

8

ADOPTER HOLACRACY

Les grandes organisations de tous types souffrent d'un éventail de malformations congénitales qu'aucune thérapie progressive ne peut soigner.

Gary Hamel, « *The Core Incompetencies of the Corporation* »

J'espère que vous avez maintenant un aperçu de *Holacracy* et de sa capacité à transformer votre quotidien dans le monde de l'entreprise. Intrigué, vous vous demandez peut-être : comment faire en sorte que mon entreprise adopte ce mode de fonctionnement ? Dans ce chapitre, nous allons traiter certains problèmes inhérents à l'adoption de *Holacracy* et je vais vous guider pour le lancement de *Holacracy* dans votre organisation ou votre équipe. Je vais vous donner également des idées sur ce que vous pouvez ajouter au socle de *Holacracy*. Puis, dans le dernier chapitre, nous reviendrons sur le thème de l'adoption et nous nous pencherons sur les difficultés et changements auxquels vous pouvez vous attendre lors de la première année de pratique.

L'une des questions que me posent le plus souvent les personnes apprenant *Holacracy* est la suivante : « Est-ce que je peux simplement adopter certaines parties du système, comme les formats de réunion ? » Cette interrogation est logique. *Holacracy* est un changement d'envergure et je comprends le souhait de démarrer petit. Mais la réponse est simple : « Non ». Pas si vous souhaitez tirer parti d'un nouveau paradigme. Pas si vous voulez bénéficier de la profonde transformation qu'offre ce système. Vous pouvez certes rendre vos réunions plus efficaces, mais *Holacracy* ne se résume pas à cela.

C'est un changement systémique vers une nouvelle structure de pouvoir, une mutation à la dimension binaire : soit le pouvoir est détenu et délégué par un manager, soit il est aux mains de la constitution de *Holacracy*. Soit un manager déclare les règles ou processus à utiliser, soit tous les anciens managers sont liés par la constitution et ne jouissent plus de l'autorité nécessaire pour faire ces déclarations. L'adoption de segments de *Holacracy* ne permet pas de modifier la répartition du pouvoir et c'est justement dans le changement de cette structure que s'inscrit toute la force de *Holacracy*. Autrement dit, si vous essayez d'adopter certaines parties de *Holacracy*, il vous faudra encore répondre à la question : « Qui choisit les parties à adopter ? », et cela vous ramènera directement à la répartition des pouvoirs existante. Ceci dit, s'il vous est impossible d'adopter tout le système au vu de votre situation actuelle, ne vous inquiétez pas – je vous donne des conseils dans le chapitre suivant, de nombreuses techniques et leçons à tirer de *Holacracy* pouvant s'avérer très utiles au sein d'une organisation conventionnelle. Mais, dans la mesure du possible, le meilleur moyen de vous mettre à *Holacracy* est de passer au pouvoir régi par la constitution.

Cette mutation peut faire peur, surtout à vos collègues n'ayant pas lu ce livre. Vous souhaiterez probablement voir *Holacracy* en action avant d'essayer de convaincre les autres de consacrer du temps et d'allouer les ressources de l'entreprise à cette aventure. Il existe fort heureusement pour vous et votre équipe de nombreux moyens de voir concrètement le système à l'œuvre avant de franchir le pas. Ma société, ainsi que d'autres, proposent un séminaire de deux jours permettant aux équipes de direction d'explorer *Holacracy* et l'adoption du système d'autorité distribuée. Sur deux jours, nous donnons un aperçu de *Holacracy*, faisons participer les personnes à des réunions de gouvernance et de triage au cours desquelles elles traitent leurs problèmes et difficultés actuels et nous étudions ce que donnerait l'adoption de *Holacracy* dans leur organisation et quelle structure de cercle initiale ils pourraient utiliser. En dehors de cette configuration personnalisée, il existe de nombreuses autres possibilités d'avoir un aperçu ou une expérience plus approfondie de *Holacracy* dans le cadre d'ateliers et de formations tout public. Mais quels que soient votre mode d'exploration du système et votre conviction de son bienfait pour votre organisation, une fois que vous êtes prêt à l'adopter, vous devez prendre l'ensemble du package pour en tirer tous les bénéfices.

Ce n'est pas parce que vous adoptez intégralement le système que vous serez capable de le mettre aussitôt en œuvre parfaitement. Cela revient à apprendre un sport – le football, par exemple, comme évoqué plus haut. Lorsque vous entraînez des enfants de six ans, vous ne leur apprenez pas simplement une ou deux règles en espérant qu'ils les maîtrisent avant de leur faire disputer un match. Vous faites en sorte qu'ils respectent du mieux qu'ils peuvent toutes les règles. Ça ne sera peut-être pas très beau dans un premier temps, mais au moins ils joueront. Et c'est en pratiquant, en jouant un vrai match qu'ils s'amélioreront et atteindront ensuite un bon niveau amateur, voire professionnel et même international. Il en va de même pour *Holacracy*. Vous apprenez en assimilant toutes les règles en même temps, quel que soit votre niveau de compétence. Puis vous vous améliorez en pratiquant, même si vous êtes maladroit au début.

Une autre option, dans la mesure où vous ne pouvez pratiquer *Holacracy* en adoptant uniquement certaines règles, consiste à appliquer toutes les règles dans un seul département de l'entreprise, comme lorsqu'un manager souhaite l'utiliser sans solliciter toute l'organisation. Dans ce cas, le manager adopte la constitution de *Holacracy*, à laquelle il cède tout le pouvoir, mais l'« organisation » à laquelle fait référence la constitution n'est que son équipe ou département. Cette adoption partielle peut être utile même si toute l'organisation finit par vouloir en faire de même. Il n'est pas rare, surtout au sein de grandes entités, de voir un département ou une division lancer un projet-pilote avant que l'organisation dans son intégralité s'y mette. L'objectif peut également être d'acquérir des compétences et de l'expérience en interne avant un déploiement plus imposant. C'est l'approche qu'a choisie Zappos, en testant *Holacracy* dans un département, avant de créer un cercle « implémentation de *Holacracy* » afin de superviser le déploiement général et de former des facilitateurs.

Quelle que soit la motivation affichée pour adopter *Holacracy* dans un secteur de l'entreprise, sachez que cette démarche générera probablement des frictions. Une fois que l'équipe ou le département dispose de nouvelles voies pour traiter les tensions ressenties, ses membres peuvent être frustrés de ne pouvoir en faire autant en dehors de leur périmètre. Vous pouvez également rencontrer des difficultés quand la nouvelle approche est partiellement incompatible avec certains systèmes de l'organisation, tels que la rémunération en fonction du statut et les procédures de licenciement conventionnelles. Plusieurs entreprises avec lesquelles j'ai collaboré et ayant commencé par une phase de test dans un département ont fini par accélérer le processus d'adoption générale afin de régler ces problèmes et de surmonter la difficulté de « fonctionner dans deux mondes », au dire des employés d'une organisation cliente. Quoi qu'il en soit, il n'est pas nécessaire de prédire et contrôler entièrement à l'avance le processus d'adoption. Vous pouvez démarrer, adopter la constitution, puis adapter le processus de déploiement au fur et à mesure, une tension à la fois.

HOLACRACY POUR LES COMMUNAUTÉS ?

Autre question que l'on me pose souvent : « Est-ce que je peux utiliser *Holacracy* pour faire fonctionner mon groupe social, ma communauté ou mon mouvement ? » La réponse à cette question n'est pas tranchée. *Holacracy* est un système de gouvernance destinée à une organisation et non à un groupe de personnes – n'oubliez pas, le processus de gouvernance ne sert qu'à régir le travail et les rôles de l'organisation, pas les personnes. À ce titre, une « organisation » est une entité existant au-delà des individus, avec sa raison d'être à exprimer et son travail à mener, et qui ne se limite pas à servir les personnes qui réalisent ce travail.

Une organisation :

- possède une *membrane* qui définit son périmètre, sa propriété et ses processus, séparément des personnes impliquées – un « domaine » qu'elle contrôle et régule ;
- se livre à un *échange d'énergie* avec le monde extérieur au-delà de cette membrane. Elle offre quelque chose au/pour le monde et reçoit autre chose en échange.
- poursuit une *raison d'être*, réalise un travail pour exprimer celle-ci et dispose de ressources qu'elle déploie.

Si une entité légale contrôle une propriété (physique, monétaire ou intellectuelle) et mène une activité dans le monde, c'est par définition une organisation. Si vous avez des doutes – vous pensez peut-être à un mouvement social, une communauté ou un club –, jetez un œil aux critères identifiés ci-dessus et voyez si votre organisation potentielle les respecte et, si oui, de quelle façon. Quelle propriété appartient à son domaine de contrôle ? Des réponses claires à ces points vous aideront à comprendre s'il existe une raison d'être, une propriété et un travail organisationnels à structurer et régir en dehors du facteur humain. Si c'est le cas, l'exploration de ces questions vous aidera à distinguer la communauté humaine de l'entité organisationnelle, *Holacracy* ne permettant de régir qu'une organisation.

FORMATION ET CONSEILS

Bien que je me sois efforcé de privilégier la dimension pratique et de fournir des exemples concrets afin d'illustrer les principes de *Holacracy*, je conseille vivement à toute organisation désireuse d'adopter ce système de faire appel à un coach externe qualifié afin de favoriser une transition de qualité. Au départ, le coach en *Holacracy* doit représenter la constitution – il a besoin de connaître toutes les règles et leur mode d'application, en faisant preuve de compétence, de neutralité et de patience, et ceci en plus de tout le savoir-faire en matière d'entreprise et de coaching nécessaire pour modifier la structure du pouvoir et aider les employés à apprendre de nouvelles manières d'influencer l'organisation et leurs collègues.

Ceci dit, le recours à un coach qualifié n'est pas évident pour toutes les organisations et je sais que nombre de personnes souhaiteront adopter *Holacracy* sans aide extérieure, malgré cet avertissement. Si c'est votre cas, veillez à acquérir un maximum d'expérience pratique et de vous former du mieux que vous pouvez avant de franchir le pas. Il existe de nombreuses formations tout public. Trouvez-en une adaptée à votre budget et votre calendrier, puis absorbez un maximum d'informations avant de vous lancer. Même si vous disposez d'un soutien externe ou d'un expert en interne pour vous épauler, plus les membres de votre équipe seront nombreux à suivre l'apprentissage des principes de *Holacracy*, plus la transition sera facile et rapide. John Bunch, qui a dirigé le déploiement de *Holacracy* chez Zappos a ainsi dit : « Il est vital de se former. Chez Zappos nous avons mis en place une formation de trois jours similaire à celle d'HolacracyOne – à ce jour, elle a été suivie par quatre cents personnes. Cela a grandement facilité le déploiement. »

Si vous souhaitez jauger vos connaissances sur le fonctionnement d'une entreprise en *Holacracy* ou la facilitation d'un nouveau cercle, réalisez une évaluation gratuite à l'adresse suivante : http://holacracy.org/assessment (site en anglais). Vous aurez ainsi une idée de votre degré de compréhension des règles, de la structure du pouvoir en *Holacracy* et de l'évolution nécessaire pour les mettre en œuvre. Outre la note globale, vous bénéficierez d'une évaluation question par question et saurez donc dans quels domaines approfondir vos connaissances ou acquérir d'autres compétences.

5 ÉTAPES POUR SE LANCER DANS HOLACRACY

Une fois formé ou accompagné d'un coach qualifié et prêt à vous lancer, respectez le processus suivant pour entamer du bon pied votre périple en *Holacracy* :

1. Adopter la constitution de *Holacracy*.
2. Mettre en place un système partagé pour les registres de gouvernance.
3. Définir votre structure initiale.
4. Organiser vos premières réunions de gouvernance et conduire les élections.
5. Programmer régulièrement des réunions de gouvernance et de triage.

➲ 1. Adopter la constitution de Holacracy

Pour que *Holacracy* devienne la nouvelle structure de pouvoir de votre organisation (ou équipe/département), le(s) titulaire(s) du pouvoir jusqu'à présent doit (doivent) d'abord officiellement le céder aux « règles du jeu » de *Holacracy*. Ces règles figurent formellement dans la constitution. Pour adopter *Holacracy*, la première étape consiste donc à faire ratifier par le ou les détenteurs du pouvoir ce document, qui fait alors foi.

Le ratifieur varie en fonction de la hiérarchie existant auparavant dans votre organisation. Il existe de nombreuses options selon l'étendue du déploiement de *Holacracy*. Concernant toute une organisation, la constitution peut être adoptée via une résolution du conseil d'administration ou une décision du P.-D.G. sans intervention du conseil d'administration. Nous conseillons généralement la seconde solution afin d'éviter la difficulté supplémentaire d'obtenir l'aval préalable du conseil d'administration. Si seule une partie de l'organisation adopte *Holacracy*, la constitution peut être ratifiée par le manager actuel du département, à condition qu'il ait l'autorité nécessaire pour décider de la structure et de l'exécution du travail dans ce département. La constitution peut même être ratifiée par consensus ou à l'issue d'un vote démocratique, si c'est ainsi qu'est actuellement structuré le pouvoir dans votre organisation – mais vous risquez d'avoir des ennuis si vous essayez cette approche rien que pour gagner l'adhésion de vos collaborateurs alors que c'est vous qui avez formellement le pouvoir.

Quelle que soit la voie appropriée à votre situation, la clé est de faire en sorte que l'adoption de la constitution soit officielle, s'effectue en toute transparence et soit consignée par écrit. Pour une adoption par un P.-D.G. ou un dirigeant, vous pouvez télécharger la version française de la constitution sur le site igipartners.com, l'imprimer, ajouter une déclaration d'adoption, puis la publier. Tout le monde doit savoir que la ou les personnes détenant jusque-là le pouvoir l'ont officiellement cédé. Elle(s) peut (peuvent) se réserver le droit de « désadopter » *Holacracy* à tout moment et de revenir à l'ancien mode de fonctionnement, mais pas d'enfreindre des règles constitutionnelles tant que la « désadoption » n'est pas officielle. C'est crucial. Pour que la magie de *Holacracy* puisse opérer, les personnes qui adoptent ce système doivent convenir de respecter les règles du jeu et ne pas se considérer au-dessus des lois avant cette décision couperet de retour en arrière.

Le mode d'adoption de la constitution – et le niveau – détermine le « cercle d'ancrage » de votre organisation. Le cercle d'ancrage est le plus grand cercle de la nouvelle structure. Il renferme tous les travaux entrepris sous la constitution de *Holacracy*. Sa raison d'être est celle de toute l'organisation (ou la partie de l'organisation adoptant *Holacracy*). Il possède automatiquement un domaine renfermant tout ce qui est la propriété de l'organisation et tous les autres éléments que cette dernière est habilitée à contrôler. Si vous adoptez la constitution via une décision du P.-D.G., comme je le conseille dans un premier temps, les membres de votre cercle d'ancrage sont ceux qui appartenaient à votre précédente équipe de direction. On le désigne souvent sous le nom de Cercle « généralités sur l'entreprise » (CGE).

La constitution de *Holacracy* peut également être officiellement adoptée par un conseil d'administration (ou équivalent), auquel cas ce conseil devient le cercle d'ancrage et certaines règles spéciales s'appliquent. (Nous allons traiter les conseils d'administration sous *Holacracy* plus loin dans ce chapitre.) La constitution peut même être adoptée dans des statuts (ou équivalent), ce qui a pour effet d'encore plus ancrer *Holacracy* dans la structure du pouvoir de l'organisation. C'est une option que je ne conseille pas à une organisation débutant en *Holacracy*. Si vous souhaitez mettre cela en place, sollicitez un avocat avant de semer le chaos dans vos statuts.

Quel que soit votre mode d'adoption de la constitution, vous devrez clarifier la raison d'être de l'organisation et son cercle d'ancrage, mission qui revient au premier lien du cercle d'ancrage. Concrètement, le premier lien du cercle d'ancrage a la redevabilité de « découvrir et clarifier le potentiel créateur le plus profond que l'organisation est à même d'exprimer dans le monde, compte tenu de toutes les contraintes qu'elle a subies et de ses atouts (historique, capacités actuelles, ressources disponibles, partenaires, caractère, culture, structure commerciale, marque, notoriété et tout autre facteur ou ressource pertinent) ». C'est la définition officielle de la raison d'être d'une organisation. Avant de démarrer le processus de *Holacracy*, veillez à ce que le premier lien du cercle d'ancrage définisse au moins une première raison d'être. Et ne visez pas une formulation parfaite – vous pourrez toujours l'améliorer ou la modifier légèrement plus tard, lorsqu'apparaîtront des tensions sur la définition actuelle et qu'une clarification s'imposera.

➲ 2. Mettre en place un système partagé pour les registres de gouvernance

Pour pratiquer *Holacracy*, vous aurez besoin d'un endroit où stocker les informations sur la gouvernance (cercles, rôles et redevabilités) et les principales données opérationnelles (indicateurs, check-lists et projets). C'est dans ces registres que les gens trouveront les attentes et autorités associées à chaque rôle. Si vous utilisez correctement *Holacracy*, chaque employé s'y référera souvent, jusqu'à de nombreuses fois par jour.

Il est crucial d'employer le bon système pour tenir ces registres, car si ces derniers sont peu clairs et difficiles d'accès, c'est toute la structure du pouvoir qui risque d'être ébranlée. Certaines entreprises tentent de se servir d'une application de gestion de projet pour stocker leur structure de gouvernance. Cela *peut* marcher, mais la plupart des outils de gestion de projet ne sont pas conçus pour conserver les registres de gouvernance de *Holacracy*. D'autres sociétés personnalisent un site Web collaboratif ou un Intranet, qui peut s'avérer efficace, surtout si votre personnalisation permet d'imposer une structure, des champs et des autorisations de modification adaptés aux données de gouvernance. Vous pouvez également utiliser GlassFrog, ce logiciel Web, mentionné plus haut, qu'HolacracyOne a spécialement conçu pour accompagner la mise en place de *Holacracy*, la tenue des registres et l'utilisation courante.

➲ 3. Définir votre structure initiale

Une fois la constitution ratifiée et un système installé pour la tenue de vos registres de gouvernance et des principales données opérationnelles, vous êtes prêt à définir votre « structure initiale », à savoir l'ensemble des définitions de rôles et de cercles adoptés. Gardez à l'esprit que la structure *initiale* est simplement un point de départ. *Holacracy* est un système vivant permettant de faire évoluer votre structure organisationnelle au fil du temps et la structure initiale sera modifiée à chaque réunion de gouvernance.

La structure organisationnelle de nos clients, une année environ après l'adoption de *Holacracy*, n'a généralement rien à voir avec celle présente au départ. C'est vrai pour la plupart des organisations employant *Holacracy*, même les plus modestes. Donc n'essayez pas de la rendre parfaite à l'avance. Mettez simplement en place quelque chose pour démarrer efficacement. Le premier lien du cercle d'ancrage a l'autorité nécessaire pour définir cette structure initiale, puis le premier lien de chaque cercle peut la modifier au sein de son cercle avant (et seulement avant) sa première réunion de gouvernance.

L'approche classique pour décrire une structure initiale consiste à définir des cercles représentant les départements ou équipes fonctionnant déjà, puis à déterminer simplement les rôles au sein de chacune d'elles afin de bien cerner le travail actuellement mené. À ce stade, méfiez-vous d'un piège : veillez bien à définir la structure initiale en fonction de ce qui existe et du travail actuellement mené et non ce qui *devrait* exister ou avoir cours. Ne faites pas le malin. Votre but est que chaque membre de l'organisation dispose d'au moins un rôle comprenant au moins une raison d'être ou une redevabilité et que ces rôles soient regroupés dans des cercles initiaux convenables. Restez centré sur ce qui existe déjà et, encore une fois, ne vous souciez pas d'atteindre la perfection.

Dernier avertissement pour les petites organisations (de moins de dix personnes) : bien que vous ayez peut-être de nombreux rôles, vous ne disposez probablement que d'un cercle. Si vous estimez avoir plusieurs cercles, imaginez chaque « cercle » comme un rôle au sein d'un cercle « généralités sur l'entreprise » qui œuvre avec d'autres rôles au sein de ce cercle. Cet avertissement vaut aussi pour les organisations plus grandes : ne définissez pas un cercle quand un rôle interagissant avec d'autres rôles (même ceux d'autres cercles) suffit. Il n'est pas rare de voir de nouvelles organisations définir un trop grand nombre de cercles car les adeptes de *Holacracy* pensent souvent avoir besoin d'un cercle à chaque fois que des employés doivent travailler ensemble. N'oubliez pas, un cercle n'illustre pas le fait de « travailler ensemble » mais est destiné à décomposer une fonction (par exemple « marketing ») en sous-fonctions (« blog », « publicité », « événements ») pouvant être assumées par différentes personnes.

Une fois votre structure initiale déterminée, le premier lien du cercle d'ancrage doit affecter les collaborateurs aux divers rôles du cercle d'ancrage, dont un premier lien pour chaque sous-cercle, chacun de ces premiers liens devant en faire autant au sein de son cercle. Vous êtes maintenant prêt à passer à la prochaine étape : organiser vos premières réunions de gouvernance et conduire les élections.

➲ 4. Organiser vos premières réunions de gouvernance et conduire les élections

Il incombe normalement au secrétaire élu d'un cercle de programmer ses réunions de gouvernance. Mais avant la conduite des premières élections d'un cercle, la programmation de la première réunion de gouvernance est effectuée par le premier lien du cercle, qui peut aussi jouer à l'occasion le rôle de facilitateur ou nommer une autre personne pour le faire à sa place. Cette personne peut être un coach/facilitateur externe ou un facilitateur formé au sein de l'entreprise, même s'il n'est normalement pas membre de cercle.

Lors de cette première réunion de gouvernance, le premier lien doit ajouter à l'ordre du jour un point concernant la conduite d'élections pour élire au moins un secrétaire et un second lien. Le premier lien peut également proposer l'élection d'un facilitateur lors de cette première réunion, mais si un facilitateur expérimenté ou formé est présent au sein du cercle, il est souvent conseillé d'attendre que les membres de cercle maîtrisent les règles du jeu et le processus de facilitation avant d'organiser cette élection. Lors de cette réunion, utilisez le processus d'élection intégrative (pour en savoir plus, consulter la constitution) pour nommer les personnes remplissant les rôles élus, afin que votre cercle soit prêt à pratiquer *Holacracy*.

➲ 5. Programmer régulièrement des réunions de gouvernance et de triage

Le secrétaire de chaque cercle doit maintenant programmer régulièrement des réunions de gouvernance et de triage, hebdomadaires ou tous les quinze jours pour les réunions de triage et tous les quinze jours ou mensuelles pour les réunions de gouvernance. Au départ, je recommande généralement des réunions à une fréquence plus rapprochée. Bien que cette phase paraisse couler de source, il est conseillé à la personne qui met en œuvre *Holacracy* de bien y prêter attention. D'expérience, je peux vous dire que les implémentations ratées de *Holacracy* ont souvent pour cause la non-organisation ou non-tenue des réunions. L'inertie peut être une force puissante et lorsqu'une équipe s'en tient à ses anciennes méthodes pour prendre des décisions et tenir des réunions, ses membres peuvent facilement s'éloigner petit à petit des nouveaux principes de *Holacracy* et reprendre leurs anciennes habitudes. Se passer de ces vieilles habitudes et avancer dans une nouvelle direction, c'est d'abord organiser régulièrement des réunions de gouvernance et de triage propres à *Holacracy*. Et, pour ce faire, chaque secrétaire doit bien veiller à leur tenue régulière.

Si vous respectez les étapes décrites plus haut et que la facilitation des réunions est satisfaisante, vous parviendrez à adopter le nouveau paradigme de *Holacracy* et à respecter sa structure du pouvoir. Vous éprouvez des difficultés, le processus vous semble lent et pesant au départ ? Ne vous inquiétez pas, c'est tout à fait normal. En fait, si tout semble aller comme sur des roulettes, c'est que vous vous y prenez mal. Cela ressemble beaucoup à l'adoption d'un nouveau système d'exploitation informatique. Il vous faudra peut-être un peu de temps pour vous habituer à la nouvelle interface et à l'ergonomie dernier cri, mais une fois que vous aurez compris le mode d'utilisation, vous apprécierez la rapidité et la fluidité obtenues. De même, lorsque *Holacracy* est bien utilisée, les réunions durent bien moins longtemps et sont beaucoup plus agréables, mais vous devez d'abord passer par une phase d'apprentissage parfois pénible. Comme souvent, la pratique de *Holacracy* devient beaucoup plus facile avec le temps et de la pratique, à condition de faire preuve de patience et de persévérance et de bénéficier d'un peu de soutien.

AU-DELÀ DU SYSTÈME D'EXPLOITATION : CRÉER ET INSTALLER DES « APPS »

Je compare *Holacracy* à un nouveau système d'exploitation car il modifie la structure du pouvoir et le paradigme de gouvernance de votre organisation, sans spécifier comment structurer tous les processus et fonctions dont a besoin votre organisation. La constitution de *Holacracy* vous offre une plateforme ou un méta-processus – à savoir un ensemble de règles permettant de définir, faire évoluer et faire fonctionner vos propres processus avec le temps. Il existe des processus généraux dont la plupart des organisations ont besoin mais qui ne figurent pas dans la constitution, tels que la rémunération, les systèmes de gestion de la performance, les processus de contrôle financier/budgétaires et les procédures de recrutement et d'entretien. Pour poursuivre avec notre métaphore informatique, ces éléments peuvent être considérés comme des applications fonctionnant sous le système d'exploitation mais qui ne constituent pas des fonctions de ce dernier.

Même la réunion de stratégie décrite au chapitre 7 ne fait pas partie du système d'exploitation de *Holacracy*. Il s'agit simplement d'une « app » optionnelle. N'importe quel cercle peut « installer » cette application en ajoutant à son rôle de secrétaire la redevabilité de programmer des réunions de stratégie et en définissant une politique qui transfère l'autorité de définir des stratégies du premier lien à ce processus de réunion. En *Holacracy*, j'entends par application une collection de décisions de gouvernance impliquant par exemple un ou plusieurs rôles, certaines nouvelles redevabilités et une ou deux politiques qui font tourner des processus ou fonctions.

À l'instar des ordinateurs, qui ont besoin de quelques applications de base pour être tout à fait utiles (messagerie, calendrier, navigateur Web, etc.), la plupart des organisations ont également besoin d'applications élémentaires pour fonctionner avec efficacité. Le monde de l'entreprise regorge d'approches standard – il existe tout un éventail d'applications pour la plupart des fonctions organisationnelles courantes et plein d'écoles de commerce qui produisent régulièrement des diplômés qui s'y connaissent fort bien en la matière. Bien entendu, la plupart de ces applications ont été conçues pour des entreprises employant le management hiérarchique et non *Holacracy*. Pour revenir à notre métaphore, lorsque vous mettez à niveau le système d'exploitation de votre ordinateur, vous constatez que certaines applications continuent de fonctionner correctement, tandis que d'autres nécessitent l'installation d'une version plus récente. Vous pouvez également découvrir les nouvelles capacités offertes par le nouveau système d'exploitation et souhaiter installer de nouvelles applications afin d'en tirer parti. De même, lorsque vous faites passer votre organisation en *Holacracy*, certaines anciennes méthodes peuvent être parfaitement adaptées au nouveau système, mais de nombreuses autres deviennent source de tension, étant subitement incompatibles avec certaines dimensions de *Holacracy* ou ne permettant pas de pleinement profiter des avantages de ses nouvelles capacités.

Prenons comme exemple le système actuel de rémunération au sein de votre organisation. Une fois *Holacracy* adoptée, vous trouverez probablement absurde de conserver le système conventionnel. Puisqu'il n'existe plus de managers ni de hiérarchie et que les rôles changent en permanence, comment fixer le salaire d'une personne ? Et si vous estimez « Bah, le premier lien peut s'en charger », n'oubliez pas que les gens peuvent remplir des rôles dans un grand nombre de cercles avec de nombreux premiers liens différents. Même si vous trouvez une solution à ce problème, mettre les décisions en matière de rémunération entre les mains des premiers liens, c'est revenir aux relations de pouvoir conventionnelles. En bref, si vous continuez avec un système de rémunération ressemblant fort à l'ancien, vous risquez de provoquer des tensions qui nuiront à l'adoption du nouveau paradigme de *Holacracy* si vous ne les traitez pas. En fait, vos processus en vigueur faisant reposer les décisions clés sur des managers ou s'appuyant sur une quelconque hiérarchie peuvent très vite devenir d'importantes sources de tension après l'adoption de *Holacracy*.

Mais, une fois *Holacracy* installée, vous avez la chance de disposer d'un excellent système pour processer les tensions et faire évoluer vos applications. Par conséquent, quand vous éprouvez le besoin d'améliorer un système essentiel tel que la rémunération, vous pouvez simplement proposer au cercle chargé de contrôler le domaine en question une mesure de gouvernance qui débouchera sur une nouvelle méthode. Vous pouvez concevoir votre propre système, selon vos besoins, mais également juger utile de passer en revue les solutions appliquées au sein des entreprises ayant adopté *Holacracy* et de choisir une application standard conçue par quelqu'un d'autre. Pour faciliter cela, HolacracyOne tient une *Holacracy* « app store » – un site Web (en anglais) sur lequel les adeptes de *Holacracy* peuvent partager et trouver des applications destinées à remplir certains objectifs ou exécuter des fonctions courantes. Je pense en fait que, dans les années à venir, la communauté grandissante des adeptes de *Holacracy* s'attachera à développer de nouvelles applications afin de mettre à niveau des processus existants. J'assiste déjà à ce phénomène dans plusieurs entreprises avec lesquelles je travaille et nous vivons également cela chez HolacracyOne.

Voici un bon exemple d'application développée chez HolacracyOne, l'application de rémunération basée sur les badges, que nous utilisons pour définir qui est payé, combien et pourquoi. Dans cette application, chaque « badge » représente une compétence, un talent ou une autre capacité nécessaire à l'organisation et à ses rôles. Elle se voit assigner une valeur marchande. Les associés de notre entreprise peuvent obtenir ces badges en reconnaissance de leurs capacités et leur rémunération dépend des badges les plus chers qu'ils ont obtenus dans leurs rôles au sein de l'organisation, selon une formule standard. La définition des badges et le processus d'attribution évoluent au fil des tensions. Ainsi, quiconque ressentant une tension pour la création d'un nouveau badge ou l'obtention d'un badge existant peut déclencher le processus d'évaluation du besoin. Mais on ne perd pas son temps à définir tous les badges à l'avance ou à évaluer les compétences de tout le monde en permanence. Ce système de badges offre une clarté et une évolution permanentes tant dans les distinctions clés reconnues par le système de rémunération que dans les situations individuelles et niveaux de rémunération prévus.

Cette application répartit également les décisions en matière de rémunération entre de multiples parties et processus, dans la mesure où divers rôles sont impliqués aux différents stades de la procédure : définition des badges, évaluation de la valeur des badges et rattachement des badges à des rôles. Il peut y avoir un processus unique d'évaluation de l'éligibilité pour chaque badge, différents acteurs participant ainsi à l'attribution de chaque type de badge. Certains badges peuvent être décernés en fonction de faits bien précis ou selon la volonté d'autorités externes, comme dans le cas de recommandations. En général, cette application modifie le mode de « progression », qui passe de paliers prédéfinis assez linéaires à un processus déterminant un profil de compétences dans toutes sortes de directions, dont celles qui n'ont pas besoin d'être planifiées à l'avance ou anticipées.

Cette application de rémunération est particulièrement éloignée des normes conventionnelles et certaines organisations ne sont pas à l'aise ou prêtes à l'adopter. Dans ce cas, pas de souci, car *Holacracy* ne vous oblige pas à employer ce système ou n'importe quelle autre approche pour la rémunération. Quand surgissent des tensions liées à vos principes de rémunération actuels (et cela se produira très probablement), vous pouvez les processer et réaliser une avancée favorable à votre organisation. Peut-être que vous pouvez créer simplement un rôle fixant le salaire, à bon escient, de chaque membre de votre organisation, quelle que soit la grille existante, mais tout en veillant à ce que ce rôle de fixation des salaires ne soit pas associé à un rôle de premier lien. Cela représente une avancée car naît alors un système explicite dans le cadre de *Holacracy*. Et cela contribue à rompre avec l'union initiale de « managers » et « premiers liens », tout en permettant librement aux gens de remplir des rôles dans de nombreux cercles sans se demander qui fixera leur salaire.

Zappos a procédé à ce genre de changement au bout d'environ une année de pratique de *Holacracy*, en créant un rôle *Évaluateur des rémunérations* ayant l'autorité de fixer la rémunération des employés et la redevabilité de récolter, pour ce faire, des informations de toutes les personnes avec lesquelles travaille l'individu en question. Même une étape plus modeste telle que celle-ci va au-delà de l'approche conventionnelle et sert à renforcer et non résister aux autres changements induits par *Holacracy*. En fait, nous avons tellement aimé l'approche de Zappos, comme étape initiale, que nous avons conçu une application générique s'en inspirant, publiée dans l'« app store ».

Autre exemple d'application compatible avec *Holacracy*, celle d'un client confronté à des tensions concernant le système d'évaluation des performances. Ce système reposait au départ sur un vieux paradigme, les ex-managers continuant d'évaluer les membres de leur équipe en fonction de la fiche de poste en vigueur lorsqu'ils avaient été recrutés. Mais les attentes étaient désormais bien plus dynamiques, car, à chaque réunion de gouvernance, on pouvait redéfinir les rôles et les redevabilités des employés. En outre, « manager » ne voulait plus vraiment dire grand-chose et la raison pour laquelle ces personnes remplissaient cette fonction n'était plus claire. Ces difficultés incitèrent le client à créer une nouvelle application d'évaluation des performances.

Ils conçurent un logiciel interne permettant à n'importe quel membre d'une équipe de donner son avis sur le respect des redevabilités d'un autre membre dans chacun de ses rôles. Dès qu'un feedback était donné, cet outil permettait de définir les rôles en temps réel, chaque feedback reposant sur des redevabilités actualisées, même lorsque la gouvernance avait changé. Quand le rôle chargé de modifier le salaire d'une personne était prêt à évaluer les performances, il pouvait se servir de cet outil pour rechercher les avis des personnes travaillant avec l'employé évalué, ainsi que passer en revue tout feedback consigné sur les précédents mois. Cet outil permettait également aux gens d'obtenir à tout moment des feedbacks sur eux-mêmes, en demandant à leurs collègues de les évaluer sur un ou plusieurs de leurs rôles du moment. Ces informations étaient également archivées et demeuraient accessibles pour la prochaine évaluation.

Cette approche fonctionnait bien dans leur cas, mais, encore une fois, ce n'est qu'une possibilité. À vous de trouver ou concevoir les bonnes applications pour votre organisation. En général, les meilleures applications pour une organisation fonctionnant à *Holacracy* sont celles qui tirent parti des capacités uniques du système d'exploitation en en tirant parti et non en y résistant. Autrement dit, elles sont compatibles avec la structure organisationnelle flexible et dynamique de *Holacracy*, l'adoption de l'autorité distribuée et le fait que les gens remplissent de nombreux rôles dans plusieurs cercles – elles respectent la distinction entre le rôle et la personne et ne s'appuient pas sur des managers ou de vieilles hiérarchies. Certains de vos systèmes existants peuvent tout à fait convenir et ne générer aucune tension, tout du moins pendant un certain temps, auquel cas il est inutile de les modifier. Si des tensions apparaissent, processez-les simplement via le système de gouvernance de *Holacracy* et changez quelque chose – faites évoluer les applications de votre organisation au fil du temps, au gré des vraies tensions.

UN CONSEIL D'ADMINISTRATION SOUS HOLACRACY

Si votre organisation a choisi d'adopter *Holacracy* par le biais d'une décision du P.-D.G., votre conseil d'administration (ou son équivalent) ne sera pas beaucoup affecté, tout du moins au début. Mais il est également possible d'employer *Holacracy* au niveau du conseil d'administration si cette phase vous semble pertinente et la constitution renferme des règles spécifiques pour vous aider à tirer le meilleur parti de cette démarche. Ces règles offrent également des perspectives intéressantes en termes de représentation et de prise de décision au niveau du conseil d'administration et peuvent même vous faire revoir le rôle de ce dernier.

Examinons tout d'abord la structure d'un conseil d'administration fonctionnant selon les règles de *Holacracy*. Généralement, quand un conseil adopte *Holacracy*, il devient le cercle d'ancrage de l'organisation tout en déléguant la majeure partie du travail quotidien au cercle « généralités sur l'entreprise » (CGE) – souvent le seul sous-cercle du conseil d'administration. Ce dernier nomme le premier lien du CGE, comme d'habitude, mais fonctionne sans premier lien. La constitution permet à un cercle d'ancrage de type conseil d'administration de ne pas avoir de premier lien. Outre les processus habituels définis pour un cercle par *Holacracy*, la constitution renferme une règle spécifique à ce cas précis : les autorités et décisions revenant généralement au premier lien passent par le processus de prise de décision intégrative, pour tous les rôles du cercle. Cette structure se rapproche probablement de ce qui existait avant *Holacracy* – au sein d'un conseil d'administration, il existe en général plusieurs directeurs, mais il n'y a pas un seul détenteur du pouvoir avec des autorités similaires à celles d'un premier lien. Ce qui différera probablement, c'est que le conseil d'administration disposera désormais d'un processus de fonctionnement, de prise de décisions et de délégation de l'autorité à ses rôles ou au CGE beaucoup plus clairs et efficaces.

Cependant, avant que des décisions soient prises, il faut que soit défini un rôle pour chaque membre du conseil d'administration. En l'absence de premier lien, la constitution prévoit au moins un lien transverse à la place et chaque membre officiel du conseil d'administration remplit généralement un rôle de lien transverse, parfois en plus d'autres rôles au niveau du conseil d'administration. Souvenez-vous, le lien transverse correspond au troisième type de lien. Il est généralement utilisé pour représenter une entité externe au sein du cercle. Dans ce cas, chacun des liens transverses du conseil d'administration peut représenter la raison d'être et les intérêts d'une autre organisation ou d'une partie prenante.

Vous pouvez choisir de disposer d'un seul lien transverse représentant les investisseurs de l'organisation, chaque membre du conseil d'administration s'y trouvant affecté. Dans ce cas, la structure ressemble beaucoup à un conseil d'administration conventionnel, mais simplement avec de meilleurs processus décisionnels. Cependant, vous pouvez également opter pour plusieurs liens transverses, certains représentant des acteurs importants ou des parties prenantes pertinentes pour votre organisation, autres que des investisseurs. Et c'est là que les choses deviennent particulièrement intéressantes.

Traditionnellement, un conseil d'administration veille sur les intérêts économiques des parties prenantes (dans une entité à but lucratif) ou la raison d'être sociale de l'organisation (dans une entité à but non lucratif). Ces dernières années, on a écrit beaucoup de choses sur le pouvoir des sociétés à but lucratif optant pour un « management orienté vers les parties prenantes », l'organisation s'attachant alors à servir tous ses groupes clés de parties prenantes et non uniquement les investisseurs : principaux fournisseurs, clients, employés, communauté locale, environnement. Mais bien que nombre d'organisations aient désormais adopté cette philosophie, la structure de leur conseil d'administration n'a guère changé. Et c'est logique, car un conseil d'administration comprenant plusieurs parties prenantes dans une structure de pouvoir conventionnelle pourrait facilement conduire à une impasse ou se transformer en « tyrannie de la majorité ». Même John Mackey, P.-D.G. de Whole Foods, champion du management orienté vers les parties prenantes, m'a confié un jour lors d'un déjeuner qu'il mettait en garde contre les conseils d'administration composés de plusieurs parties prenantes car ils ont tendance à moins bien protéger les investisseurs alors que ces derniers sont légalement les derniers à être payés, passant après les autres parties prenantes.

Mais avec *Holacracy*, un conseil d'administration renfermant plusieurs parties prenantes est possible et efficace sans diminuer sensiblement la protection dont jouissent les investisseurs. Et ceci, grâce au pouvoir des règles de *Holacracy* et son processus de gouvernance intégratif permettant de traiter toutes les tensions et objections, même celles captées et émises par une minorité. Je ne peux pour l'heure affirmer cela en me basant sur mon expérience, mais j'estime que c'est une éventualité fascinante.

Autre possibilité encore plus intéressante, la présence dans votre écosystème d'une autre organisation liée à votre raison d'être ou à l'un de vos groupes de parties prenantes. Vous pouvez alors inviter cette organisation à nommer un lien vers votre conseil d'administration via la création d'un lien transverse inter-organisation. Par exemple, outre des liens transverses représentant les investisseurs, les clients et les partenaires/employés de l'organisation, vous pourriez inviter une autre organisation représentant votre secteur d'activité ou un mouvement plus large à nommer un lien transverse au sein de votre entreprise – et suggérer d'en avoir également un à vous en retour dans son entité. Ainsi, avec une influence plus directe sur votre entreprise, vos parties prenantes pourraient peut-être aider celle-ci à devenir plus constructive et responsable et à mieux exprimer du même coup sa raison d'être. Encore une fois, cette configuration est totalement hypothétique. Cela pourrait s'avérer une très mauvaise idée. Veillez donc à vous montrer prudent dans vos expérimentations. Mais, quelle que soit la méthode utilisée pour l'obtenir, je trouve très prometteur cet écosystème d'organisations centrées sur leur raison d'être étroitement liées, grâce à des unions saines, à d'autres organisations centrées elles aussi sur leur raison d'être, car toutes traitent les tensions au-delà de leurs membranes.

Quelle que soit la composition choisie pour votre conseil d'administration, *Holacracy* recadre aussi ce dernier en termes de raison d'être. Quand *Holacracy* est adoptée au niveau du conseil d'administration, celui-ci n'œuvre pas pour le bien de ses membres mais pour celui de l'entreprise. Autrement dit, son but est d'exprimer la raison d'être de l'organisation. Il est intéressant de noter que la distinction entre entité à but lucratif et entité à but non lucratif devient moins pertinente. Les organisations fonctionnant sous le régime de *Holacracy* sont avant tout centrées sur leur raison d'être, toutes les activités ayant pour but de l'exprimer. Chaque membre devient alors un capteur de cette raison d'être et les règles du processus de gouvernance garantissent que l'on ne fera pas la part belle à l'intérêt individuel.

Avec l'existence de divers points de vue et d'un processus permettant de les intégrer, le conseil d'administration est désormais prêt à s'attaquer à des questions à la fois épineuses et profondes. Qu'attend le monde de cette organisation et que doit-elle manifester dans le monde ? Les besoins des actionnaires et des autres parties prenantes demeurent des contraintes importantes, mais, avec *Holacracy*, c'est la raison d'être profonde qui régit tout et fait avancer l'organisation. À l'instar de la cellule parentale élevant un enfant pour qu'il se forge sa propre identité, le conseil d'administration met l'organisation sur les rails pour qu'elle trouve et exprime sa dynamique créatrice, en harmonie avec toutes ses parties prenantes.

QUAND HOLACRACY NE PREND PAS

Holacracy n'est pas faite pour tout le monde. J'ai vu suffisamment d'organisations au sein desquelles ce système ne fonctionnait pas pour dégager certaines tendances. Jetons un œil aux trois scénarios les plus couramment observés, que j'ai baptisés « Le dirigeant qui rechigne à abandonner son pouvoir », « Un niveau intermédiaire peu coopératif » et « Le syndrome de l'érosion ».

➔ Le dirigeant qui rechigne à abandonner son pouvoir

La phase critique pour un dirigeant passant à *Holacracy* est l'instant où il doit abandonner son pouvoir et laisser le processus distribuer l'autorité. Dans la mesure où ce changement de pouvoir est essentiel, l'adoption de *Holacracy* échoue quand le dirigeant n'est tout simplement pas prêt à franchir le pas. L'hésitation de bon nombre de dirigeants est compréhensible, surtout pour ceux qui ont fourni beaucoup d'efforts pour prendre soin de leur société. Si la plupart, bien soutenus, passent sans encombres cette délicate transition, c'est pour certains au-dessus de leurs forces. Parfois, le dirigeant de l'organisation n'est pas prêt à revêtir de nouveau la tenue du « débutant » devant apprendre un nouveau mode d'autorité et un nouveau moyen d'influencer les autres.

Souvent, ce genre de dirigeant cesse de jouer le jeu. Il manifeste un intérêt de pure forme pour *Holacracy* et continue d'adopter ses anciens comportements sans vraiment respecter les nouvelles règles. La dissonance qui en ressort ne peut passer inaperçue très longtemps. En fait, ce qui est intéressant dans ce cas, c'est que lorsqu'une entreprise a déjà commencé à fonctionner sous les règles de *Holacracy*, la différence entre les paroles et les actes du dirigeant est flagrante. Contrairement à ce qui se passe dans une structure traditionnelle, où les règles du jeu sont généralement implicitement ancrées dans la culture de l'entreprise et où tout mauvais alignement peut être insidieux, en *Holacracy*, il existe une transparence naturelle, avec des règles explicites et cohérentes figurant dans la constitution. Quand une personne ne respecte pas les règles, cela saute aux yeux de tout le monde.

À ce stade, il existe deux options. Comme je l'ai expliqué plus haut, une fois qu'un dirigeant adopte officiellement la constitution de *Holacracy*, il abandonne le droit de modifier les règles, mais conserve la faculté de tout arrêter et de rejeter le système. Certains dirigeants trouvent la force de dire adieu à leurs prérogatives mais c'est également le moment où le processus d'adoption peut s'arrêter brusquement.

Je ne veux pas être trop critique envers ces dirigeants car transmettre le pouvoir à un processus que l'on ne connaît pas bien n'est pas évident et bon nombre ont de bonnes raisons de ne pas le faire. Un fondateur d'une petite startup m'a confié qu'il craignait que son organisation et son équipe ne soient pas assez mûres et stables pour se gérer de façon autonome sans un leader solide à la barre. Comme un parent craignant que son enfant ne soit pas assez solide pour quitter la maison, ce P.-D.G. souhaitait attendre que son entreprise et son équipe de direction aient acquis plus d'expérience et pris de l'envergure avant d'opérer ce genre de mutation. Ayant vu *Holacracy* fonctionner à merveille dans ce type d'environnement, j'étais un peu sceptique, mais j'ai respecté sa décision : il connaissait mieux que moi son entreprise et son équipe et c'était à lui de trancher. En fait, quand mes clients P.-D.G. ont du mal à effectuer la transition, je leur rappelle souvent qu'ils peuvent abandonner *Holacracy* à tout moment. Je les encourage même à ne serait-ce qu'envisager cette solution. Mieux vaut qu'ils voient les choses en face, quelle que soit l'option retenue, et qu'ils choisissent en toute connaissance de cause plutôt que de saper insidieusement les efforts fournis par manque d'engagement.

➲ Un niveau intermédiaire peu coopératif

Autre scénario auquel j'ai été confronté à quelques reprises : le P.-D.G. est motivé et respecte les règles, mais plusieurs cadres situés au niveau inférieur sont peu coopératifs, voire ouvertement résistants au changement. Il est normal de se faire un peu prier et d'être sceptique au départ – en fait, c'est souvent le signe salutaire que ces personnes se soucient du bien-être de l'organisation. Mais pour que le passage à *Holacracy* soit un succès, l'organisation a besoin de mettre un terme à la résistance et s'assurer que ses membres sont le plus possible en phase avec les nouvelles règles, à commencer par ceux occupant auparavant des postes de pouvoir et susceptibles de saborder le changement de paradigme.

Mettre fin à cette résistance est plus un art qu'une science. C'est généralement au P.-D.G. de montrer l'exemple en délivrant un message clair et en menant la danse. Un bon coaching et un soutien de qualité pour aider les anciens dirigeants à apprendre à respecter les nouvelles règles sont nécessaires. Et cela requiert également des systèmes humains adaptés (applications) qui renforcent les nouvelles règles et dissuadent leur contournement. Généralement, quand ces conditions sont réunies, la résistance disparaît. Quand il arrive que ce ne soit pas le cas, ce sont souvent les cadres accrochés aux bonnes vieilles méthodes qui font obstacle, même s'il m'est arrivé de voir de jeunes loups à l'ascension fulgurante traîner des pieds. Si seules une ou deux personnes regimbent, leurs pairs parviennent souvent à les influencer en leur mettant la pression ou les réfractaires décident de partir. Mais si ces derniers sont nombreux, l'adoption de *Holacracy* peut s'enliser.

Un P.-D.G. devant faire face à la rébellion de la majorité de ses cadres supérieurs et qui a fini par faire machine arrière et abandonner carrément *Holacracy* a avoué : « Je devais passer trop de temps à faire de la politique pour que mon équipe de direction respecte les règles ». Il a décidé de sauver les meubles et de revenir à un mode de fonctionnement satisfaisant ses cadres.

Je suis persuadé que des scénarios tels que celui-ci se produisent dans des organisations où il n'existe pas une grande cohésion dans l'équipe dirigeante ou peut-être est-ce l'inexistence d'une culture de cohésion. Dans ce contexte, les réfractaires ont plus le loisir de s'opposer à l'orientation générale de l'entreprise. L'ironie de la chose, c'est que ce sont justement les entreprises qui pourraient le plus tirer parti d'un système comme *Holacracy*, car ce dernier apporterait une certaine cohésion sans que les individus soient dans l'obligation de remédier à leurs différences du jour au lendemain.

Dans une entreprise où la cohésion est plus flagrante, le changement peut s'opérer plus facilement. Mais même les équipes les plus unies et en phase avec le but de l'entité éclatent face à l'insécurité d'un changement de paradigme tel que *Holacracy*. Le fait qu'ils s'avèrent incapables de procéder à cette mutation n'est pas forcément un signe de faiblesse. Parfois, ce n'est tout simplement pas le bon moment ou le système n'est pas adapté à cette équipe en particulier.

➲ Le syndrome de l'érosion

C'est peut-être le scénario le plus insidieux qui existe. Cela se produit dans des entreprises estimant avoir déjà réussi à instaurer *Holacracy*. Pendant un moment, tout semble mieux – les réunions sont plus efficaces, les employés comprennent mieux leurs rôles, il existe des dispositifs pour traiter les tensions et il règne au bureau un réel esprit d'entrepreneuriat. Puis, lentement et presque imperceptiblement, le changement s'estompe. Les gens commencent (ou continuent) à se tourner vers les anciens managers pour s'orienter et ont besoin d'une approbation avant de prendre des décisions importantes. Les anciens managers commencent (ou continuent) à se comporter en managers et se mettent tout doucement à cesser de prêter attention à ce qui ressort des réunions de gouvernance. Tout le monde commence (ou continue) à passer des accords bilatéraux en dehors des réunions de gouvernance sur la façon de travailler ensemble et se sert uniquement de la gouvernance pour officialiser ces décisions… avant de la délaisser complètement. Certes, les réunions demeurent plus efficaces, mais est-ce que la façon de travailler est si différente d'avant ?

Les entreprises de ce type finissent, souvent sans même s'en rendre compte, par ne tirer qu'une partie des bienfaits de *Holacracy*. Certaines continuent d'affirmer qu'elles pratiquent *Holacracy*, mais c'est au mieux une version allégée, avec une amélioration superficielle en termes d'efficacité et de clarté, sans vivre un changement de paradigme en profondeur.

Ça se produit généralement en raison d'un décrochage du processus d'adoption en cours de route, avant que *Holacracy* s'installe pleinement en lieu et place de la précédente structure de pouvoir. Très souvent, le déclin s'amorce une fois les éléments de base en place – la constitution, les rôles, les processus de réunion –, et il est alors temps de commencer à mettre à niveau les anciens systèmes et processus qui ne sont plus guère compatibles avec la nouvelle répartition du pouvoir. C'est là qu'entrent en jeu les applications de *Holacracy*. C'est à ce stade que vous devez repenser vos procédures (d'embauche, de licenciement ou de rémunération, par exemple). Si vous abandonnez avant d'avoir résolu ces questions délicates et trouvé des solutions appropriées, vous finissez par disposer de processus de réunion à la mode *Holacracy* assis sur un système de pouvoir en grande partie inchangé. Si les « anciens » managers disposent encore du pouvoir autocratique de virer des gens et de fixer les salaires, par exemple, il est difficile pour les membres des équipes de vaincre les vieilles habitudes et de prendre le risque d'appliquer leur autorité et de contester le pouvoir des managers d'une manière essentielle à la mutation induite par *Holacracy*.

Pour amener *Holacracy* jusqu'au bout, il est crucial de ne pas perdre de vue l'objectif ultime, à savoir disposer d'un système d'autorité distribuée *peer-to-peer*. Pour y parvenir, il faut un engagement permettant à ce changement de s'illustrer non seulement à travers les types de réunion, mais également dans la nature et l'emploi du pouvoir au quotidien et dans les principaux systèmes et processus humains de l'organisation. Sans cet engagement, vous ne pourrez que légèrement améliorer votre ancien mode de fonctionnement et cela risque fort de ne pas durer. Il est très facile de récidiver, à moins que vous vous engagiez à vous débarrasser de la vieille structure de pouvoir particulièrement tenace et de renforcer la nouvelle de manière tangible.

Il est également essentiel de garder à l'esprit que nombre d'organisations affichant cette tendance demeurent satisfaites des changements réalisés et obtiennent bon nombre de résultats positifs. Mais je déteste voir les gens passer à côté de l'intégralité des bienfaits de l'investissement réalisé en passant à *Holacracy*.

J'ai vu ce scénario de l'érosion se coupler à celui du « milieu intermédiaire peu coopératif », et se solder par un échec des plus décevants. Le P.-D.G. de l'organisation s'investissait pleinement et se montrait enthousiaste, mais il était peut-être un peu trop confiant concernant les efforts à fournir. Son équipe de direction était sceptique, quelque peu réticente, mais désireuse d'expérimenter *Holacracy*. Au début, tout semblait bien se dérouler. Les gens avaient compris le système, les réunions étaient plus harmonieuses, les tâches étaient exécutées avec plus d'efficacité et les opposants systématiques semblaient quelque peu se calmer. Mais l'ombre de l'ancienne structure du pouvoir planait encore, les anciens managers se comportant toujours comme des chefs en coulisses. En outre, les membres de l'équipe contrôlant les principaux systèmes humains ne souhaitaient pas modifier ces derniers, ce qui aggravait les problèmes et permettait à la structure de pouvoir fantôme de continuer de contrôler de nombreuses fonctions. Le P.-D.G., voire une ou deux autres personnes supplémentaires, aurai(en)t pu résoudre ces problèmes avec le temps et en y mettant de l'énergie, mais l'organisation rencontrait tellement de difficultés à l'époque que celle-ci n'était guère une préoccupation majeure.

Après des mois de ce qui ressemblait à une progression régulière, des fissures commencèrent à apparaître. Les gens se demandèrent s'il y avait eu en fait beaucoup de changements et si toutes ces règles étaient bien utiles. L'ironie de la chose, c'est que les dirigeants ayant résisté à la mise à niveau des systèmes clés se sont servis de cet argument pour prôner l'abandon de *Holacracy*, en pointant du doigt toutes les difficultés qu'ils rencontraient à cause d'une mise en œuvre incomplète. La résistance a fini par être trop forte et même le P.-D.G., pourtant très déterminé, fut contraint de décider d'abandonner le projet avant que lui-même et son cercle rapproché ne s'égarent plus encore.

Ces trois scénarios ou une combinaison de ces derniers (comme dans l'exemple ci-dessus) sont ceux que je rencontre le plus souvent lorsque l'adoption de *Holacracy* se solde par un échec. Il existe probablement un quatrième scénario, que je n'observe pas directement car il se déroule dans des entreprises ne se donnant pas les moyens en interne de réussir l'adoption de *Holacracy* dans un premier temps. Dans ce cas précis, les gens ont tendance à sous-estimer l'ampleur du changement à opérer et l'abordent trop confiants, sans le soutien nécessaire ou ne mettent tout simplement pas en place les règles essentielles à la consolidation du système.

Ceci dit, la majorité des mises en œuvre auxquelles j'ai assisté semblent avoir débouché sur une transformation durable, tout du moins quand un engagement clair vers le changement se doublait d'un soutien externe ou d'une expertise interne solide. Mais il demeure important de comprendre les tendances menant à l'échec afin d'éviter les pièges les plus courants, de surmonter les difficultés et de tirer parti des bienfaits d'un système d'autorité distribuée qui libère notre créativité, notre autonomie et notre faculté d'adaptation.

9

SI VOUS N'ÊTES PAS PRÊT À L'ADOPTER : ÉVOLUER VERS HOLACRACY

Les limites de mon langage signifient les limites de mon propre monde.

LUDWIG WITTGENSTEIN, *Tractatus logico-philosophicus**

Lors d'une récente conférence d'entreprises, un homme proche de la trentaine s'est précipité pour me parler alors que je quittais la scène. J'ai reconnu son visage parce qu'il était assis au premier rang. Il avait écouté, très absorbé, et pris des notes.

Sa question, on me l'avait posée à de multiples reprises : « Est-ce que je peux utiliser certaines parties de *Holacracy* sans adopter tout le système ? » Il a eu droit à ma réponse habituelle, que j'ai donnée dans ce livre : « Désolé, mais non. *Holacracy* est un système aux composantes étroitement liées. Si vous essayez d'en extraire une seule partie, vous ne profiterez pas pleinement du changement de paradigme. Pour tirer parti du pouvoir de *Holacracy*, vous devez adopter tout le package. »

* Ludwig Wittgenstein, *Tractatus logico-philosophicus*, traduit par Gilles-Gaston Granger, Gallimard, Paris, 2001.

Le jeune homme parut déçu. « Je ne peux pas faire ça », répliqua-t-il. « Je suis juste un cadre moyen dans une grande entreprise traditionnelle et je ne pourrai pas convaincre mes patrons de tout réorganiser et d'abandonner leur pouvoir, surtout pour un système dont ils n'ont jamais entendu parler. Je doute même d'avoir l'autorisation d'utiliser *Holacracy* rien que dans mon département. Mais je dois bien pouvoir faire quelque chose – un moyen simple de faire évoluer mes habitudes de travail personnelles et la façon dont je dirige ma petite équipe vers *Holacracy.* »

Sa sincérité m'a quelque peu perturbé. Je m'en suis tenu à ma réponse première – *Holacracy* ne fonctionne que si on adopte tout le système, même dans un petit secteur de l'organisation. Mais la conversation allait-elle s'achever ainsi ? *Holacracy* n'allait-elle convenir qu'à ceux ayant le pouvoir de mener la barque de toute l'organisation ? N'avait-elle rien à offrir à une personne inspirée dont le pouvoir était limité et qui souhaitait changer les choses ? Ça n'allait pas. J'avais été à sa place, avec des tas de supérieurs hiérarchiques au-dessus de moi, dont aucun n'avait le temps d'écouter mes soucis et mes idées, alors encore moins de transformer mes tensions en évolution qui fasse sens. À l'époque, si j'avais entendu quelqu'un parler d'un changement de paradigme tel que *Holacracy* et souhaité commencer à l'utiliser, même modestement, me serais-je contenté d'un « non » comme réponse ?

J'ai fini par faire à mon interlocuteur quelques suggestions sur la façon d'utiliser *Holacracy* pour améliorer l'exécution de ses tâches. Puis je me suis rapproché de mon réseau et leur ai demandé les composantes de *Holacracy* qu'ils utilisaient quand ils ne pouvaient mettre en place le système dans son intégralité. Je suis maintenant convaincu qu'en dehors de la transformation complète, quelques composantes sont très utiles. En fait, je me suis rendu compte que j'avais exploité certains aspects de *Holacracy* dans mes relations personnelles et dans d'autres environnements n'ayant pas adopté tout le système.

Après ces expériences, je me suis résolu à fournir une meilleure réponse à cette question courante et à vous en faire part dans ce livre – et c'est le thème de ce chapitre. Elle s'accompagne bien entendu de l'avertissement donné à notre ami lors de la conférence : utiliser des parties de *Holacracy*, ce n'est pas faire *Holacracy* et s'il existe un moyen d'adopter tout le système, je vous recommanderai presque toujours de ne pas vous en priver. Cependant, si vous évoluez au sein d'une entreprise où l'adoption complète est impossible ou ne se fera pas pour l'instant, voici des moyens pour vous et votre équipe de profiter des leçons de *Holacracy*. Et peut-être que, chemin faisant, vous inciterez d'autres personnes au sein de l'entreprise à caresser la perspective de devenir une organisation pratiquant *Holacracy*.

Voici quatre conseils pour ceux qui ne sont pas en mesure ou prêts à adopter totalement *Holacracy* :

1. Changez votre langage, changez votre culture.
2. Revoyez la description des rôles.
3. Travaillez *sur* votre organisation et non simplement *dans* votre organisation.
4. Rationalisez vos réunions.

Si vous êtes capable de suivre certains, voire tous ces conseils, je parie que vous remarquerez très rapidement une différence, tout du moins au sein de votre petite équipe. Sachez cependant que vous percevrez de manière plus flagrante la dimension anti-*Holacracy* de la culture et de la structure de votre entreprise, comparée à la nouvelle culture et aux nouvelles habitudes que vous commencerez à adopter. Mais les autres le noteront peut-être également et vous trouverez des alliés pour enfin installer dans l'entreprise le système dans sa totalité.

CHANGEZ VOTRE LANGAGE, CHANGEZ VOTRE CULTURE

On dit que les actes valent mieux que les paroles, mais nous avons parfois tendance à négliger le pouvoir des mots que nous choisissons. Le langage est souvent considéré comme l'expression verbale de la culture, mais il peut également la créer. En développant *Holacracy*, j'ai passé beaucoup de temps à choisir des termes pour le message que je souhaitais transmettre et qui ne déclenchaient pas les réactions et associations classiques. J'ai souvent entendu de la bouche d'adeptes expérimentés de *Holacracy* qu'ils trouvaient ces termes tellement utiles qu'ils ont même commencé à les employer en dehors de la sphère professionnelle, à modifier la culture au sein de leur famille ou dans leurs autres relations. C'est d'ailleurs ce que j'ai fait moi aussi. Essayez d'adopter certains de ces termes dans vos échanges au quotidien avec votre équipe et voyez comment ils modifient votre collaboration.

Les tensions et processer les tensions. Essayez de remplacer les termes « problèmes » et « solutions » par « tensions » et « processer ». Les êtres humains semblent être enclins de manière innée à attendre la dernière minute pour gérer ce qu'ils perçoivent comme des problèmes. Par conséquent, l'emploi de ce langage « négatif » dans le monde de l'entreprise peut donner naissance à une culture de l'évitement ou de l'inquiétude inutile. Le terme « tension », comme employé en *Holacracy*, est neutre et signifie simplement *la perception d'un écart entre la réalité et ce qu'elle pourrait être.* Une tension n'est pas un « problème » et n'induit pas nécessairement une « solution ». Elle met en lumière une occasion de rapprocher la situation actuelle de ce qu'elle *pourrait* être – ce qui sous-entend généralement une amélioration. *Holacracy* emploie le terme « processer » pour décrire ce phénomène, qui évite la notion de résultat fixe et définitif et illustre un cheminement fait d'une adaptation et de progrès permanents.

Des propositions plutôt que des problèmes. Le changement qui va de pair avec celui que je viens de décrire est de prendre l'habitude de faire des « propositions » au lieu de se contenter de se lamenter. Lorsque vous ressentez une tension, demandez-vous : « Qu'est-ce qui pourrait améliorer la situation ? Que pourrais-je proposer ? » Encouragez votre équipe à en faire de même. La proposition ne se doit pas d'être une « solution » parfaite – c'est un moyen d'entamer la conversation de manière proactive et créative, et non négative.

Des objections ? La prochaine fois que vous recherchez l'adhésion de votre équipe à une décision, modifiez votre mode de communication. Ne demandez pas : « Est-ce que tout le monde est d'accord ? » ou « Ma proposition plaît-elle à tout le monde ? ». Ces questions débouchent sur une discussion longue et pénible. Demandez-leur plutôt : « Y a-t-il des objections à l'adoption de cette proposition ? » Et définissez une objection comme « une raison pour laquelle l'adoption de cette proposition causerait du tort ou nous ferait régresser ? » Voici une autre formulation : « Est-ce que quelqu'un considère la mise en œuvre de cette proposition comme pas assez sûre, sachant que nous pourrons revoir cette décision si elle ne porte pas ses fruits ? » Ce simple changement de langage peut vous faire gagner beaucoup de temps et alléger considérablement le processus décisionnel.

La distinction rôles/personnes. Lorsque vous affectez des actions ou projets à un membre de votre équipe, essayez d'attribuer ceux-ci à un rôle précis et non à la personne qui le remplit. Cela vous permettra de bien distinguer le rôle de l'individu, qui ne font souvent qu'un, et de désamorcer les tensions associées.

Un pilotage dynamique. Vous jugerez peut-être également la notion de pilotage dynamique (voir chapitre 7) utile pour inculquer à votre équipe un état d'esprit plus réactif, avec la faculté de s'adapter et d'être moins paralysée par l'analyse, à la place du principe de la prévision et du contrôle.

REVOYEZ LA DESCRIPTION DES RÔLES

Toute organisation fonctionnant ou non sous le système de *Holacracy* a besoin de définir clairement qui a telle autorité et qui est responsable de telle chose. Vous serez peut-être en mesure de reprendre le style de définitions des rôles en *Holacracy* même si vous n'adoptez pas tout le système. Souvenez-vous, un rôle n'est pas une personne et une personne peut remplir plusieurs rôles (et le fait d'ailleurs probablement). Différencier ces rôles et les redevabilités associées peut vraiment favoriser l'explicitation des attentes et éviter aux employés de marcher sur les plates-bandes de leurs collègues. Si vous êtes manager, vous pouvez appliquer ce principe au sein de votre équipe ou juste pour vous-même, afin de clarifier ce que l'on attend de vous et de décrire clairement vos nombreuses casquettes (que vous empilez probablement).

Dernièrement, un collègue m'a raconté l'histoire d'une filiale d'une grande entreprise traditionnelle dotée d'une culture très conservatrice qui a décidé de clarifier « uniquement » les rôles et redevabilités et d'aborder occasionnellement les tensions afin de rendre visibles les attentes implicites et de modifier ces rôles et redevabilités. L'utilisation de cette seule partie de *Holacracy* a produit des résultats satisfaisants : l'entreprise a vu diminuer sensiblement les frais de recrutement de consultants externes spécialisés dans le développement des organisations et carrément chuter le temps passé par les employés en réunion.

Pour commencer à clarifier vos propres rôles ou ceux de votre équipe, décomposez simplement le travail en morceaux, puis décrivez chaque fragment avec des redevabilités claires exprimées à l'aide de verbes à l'infinitif. Vous vous êtes peut-être toujours considéré comme « directeur marketing », mais vous remplissez en fait plusieurs rôles au sein de ce domaine très large. Vous êtes *Responsable du site Web*, *Concepteur*, *Rédacteur*, *Réviseur*, etc. et chaque rôle renferme son lot de redevabilités.

Un avertissement concernant la définition des rôles : en *Holacracy*, les rôles évoluent en permanence via le processus de gouvernance. Les descriptions servent donc bien à quelque chose. En l'absence de ce processus, le danger est que les définitions de rôle deviennent rapidement obsolètes, comme les fiches de poste traditionnelles qui prennent la poussière dans un tiroir et sont bien éloignées des besoins et de la réalité des activités menées par les employés au quotidien. Les rôles ne sont utiles que s'ils correspondent à la réalité. Veillez donc à les réviser et à les actualiser, ce qui nous mène à mon prochain conseil.

TRAVAILLEZ SUR VOTRE ORGANISATION ET NON SIMPLEMENT DANS VOTRE ORGANISATION

Ne faites pas comme la plupart des entrepreneurs, ne tombez pas dans le piège classique identifié par Michael Gerber, auteur de *The E-Myth* : travailler *dans* votre entreprise au lieu de travailler *sur* votre entreprise. Vous n'avez pas le pouvoir nécessaire pour mener la barque dans votre société, mais quelle que soit votre position dans la hiérarchie, vous avez à votre disposition des moyens de travailler aussi bien *sur* que *dans* votre entreprise. Pour parler le langage de *Holacracy*, vous pouvez vous engager en matière de gouvernance.

Si vous n'êtes pas habitué à vous plonger dans la gouvernance, il est important que vous vous dégagiez du temps et de l'espace pour ce processus, à distinguer de votre travail opérationnel. Comme je l'ai mentionné plus haut, un moyen simple consiste à actualiser les descriptions de vos rôles. Vous pouvez également identifier les tensions ressenties et faire à votre équipe ou votre manager des propositions très simples pour les traiter. Si vous êtes vous-même manager, passez en revue et mettez à jour les descriptions de rôles de votre équipe sur la base du travail collectif actuellement fourni. Vous ne serez peut-être pas en mesure d'organiser une réunion de gouvernance, mais si vous consacrez du temps à l'amélioration du fonctionnement de votre équipe, vous vous impliquerez alors dans la gouvernance.

Vous pouvez également communiquer sur votre démarche et inviter votre équipe à vous faire part d'éventuelles tensions en guise d'éclairage. Cela aidera tout le monde à prendre conscience des questions de gouvernance et à favoriser l'adoption d'un esprit d'entreprenariat concernant les rôles et responsabilités. Essayez l'approche privilégiée par Gonzales-Black chez Zappos : incitez vos collègues à se poser la question suivante : « Que ferais-je si c'était mon entreprise ? »

RATIONALISEZ VOS RÉUNIONS

S'il y a bien un point commun entre la plupart des employés, du sommet de la pyramide au bas de l'échelle, c'est de détester ces réunions interminables et inefficaces. Et la chose que tous les adeptes de *Holacracy* finissent par remarquer, c'est leur soulagement face à l'adoption de formats de réunion rationalisés et efficaces. Si certains processus, tels que les réunions de gouvernance, ne fonctionnent bien que dans les entreprises ayant adopté la constitution, d'autres, intégrés totalement ou partiellement, peuvent s'avérer utiles dans n'importe quel contexte.

Le meilleur exemple est le format de la réunion de triage. En *Holacracy*, la notion de « triage », reposant sur le principe « une tension à la fois », aide les participants à trouver rapidement une solution pratique satisfaisant la personne ayant révélé la tension. J'ai entendu parler d'entreprises satisfaites d'avoir remplacé leurs réunions de comité de direction par ce format, même si elles n'utilisaient pas *Holacracy*. Si l'adoption du processus de réunion complet n'est pas envisageable, voici des éléments que vous pouvez ajouter à n'importe quelle réunion :

Les tours d'inclusion et de clôture. Vous pouvez les ajouter au début et à la fin de n'importe quelle réunion. Leur but est simple : le tour d'inclusion permet à tous les participants de prendre conscience de pensées susceptibles de les distraire et d'en faire part aux autres. L'équipe est donc plus présente et concentrée, prête à se mettre au travail. Le tour de clôture est l'occasion pour chaque personne de donner son sentiment sur le déroulement de la réunion. N'oubliez pas que, dans les deux cas, les participants prennent la parole à tour de rôle et que les échanges ou les réactions ne sont pas autorisés. Cette précision est essentielle pour éviter que vos réunions se transforment en débats et créer un « sanctuaire » dans lequel tout le monde peut s'exprimer ouvertement.

L'établissement à la volée de l'ordre du jour. Plutôt que de passer en revue une liste de points à aborder préétablie, essayez de conduire vos réunions selon un ordre du jour établi à la volée. Ce dernier se limitera ainsi aux points réellement sources de tension et valant la peine d'être abordés, au moins aux yeux de quelqu'un.

L'approche « Quel est ton besoin ? » Lorsque l'on traite un point de l'ordre du jour soulevé par un membre de l'équipe, il est toujours utile de commencer par poser la question : « Quel est ton besoin ? » Ainsi, la discussion reste centrée sur le sujet abordé. Cela aide également tout le monde à garder en tête que le seul objectif est de satisfaire la personne ayant soulevé ce point, sans se laisser distraire par les soucis des autres participants. Vous saurez que vous pouvez passer à autre chose quand la personne ayant ajouté ce point à l'ordre du jour aura répondu « oui » à la question « est-ce que tu as ce dont tu as besoin ? », même si certains participants ne sont pas contents. Leurs soucis peuvent le cas échéant faire chacun l'objet d'un point à inscrire au fur et à mesure à l'ordre du jour.

Une tension à la fois. Cette règle très simple fonctionne à merveille pour rationaliser une réunion et éviter les digressions. Il est très facile de commencer par aborder un sujet, puis dévier vers cinq ou six soucis associés, quand tout le monde ajoute son grief à la tension originale. Le résultat ne satisfait généralement personne, dans la mesure où, souvent, les avancées sont minimes. En abordant une tension à la fois et en insistant pour que les problèmes associés deviennent eux-mêmes des points de l'ordre du jour, on est certain que toutes les tensions bénéficieront de l'attention qu'elles méritent.

La prise de décision intégrative. Je fais cette dernière suggestion avec prudence. Le processus de prise de décision intégrative utilisé en *Holacracy*, lors des réunions de gouvernance, peut, dans certaines circonstances, servir de prise de décision en commun, à condition de faire preuve de prudence. En *Holacracy*, ce processus n'est utilisé qu'en gouvernance, pour prendre des types de décision bien précis. Et le cadre de *Holacracy* fournit des instructions très claires sur la modification éventuelle de ces décisions et les types de décision pour lesquels ce processus est adapté. Sans ce garde-fou, l'utilité du processus de prise de décision intégrative est limitée. Ceci dit, il peut s'avérer efficace sur le plan opérationnel lorsque doivent être prises des décisions stratégiques importantes, voire des décisions moins essentielles pour lesquelles vous savez devoir intégrer plusieurs points de vue. Une collègue m'a dit qu'elle avait adapté le processus de prise de décision intégrative pour aider un groupe de managers à prendre une décision opérationnelle cruciale. Ils sont parvenus à résoudre en 90 minutes un problème source de débats depuis cinq mois. Mais n'oubliez pas, n'essayez pas de l'employer pour n'importe quelle vieille décision – tenez-vous en aux décisions importantes sur lesquelles vous ne devrez pas revenir souvent.

Quoi que vous fassiez de ces idées, n'oubliez pas d'avancer. Même lors d'une adoption totale, le but n'est pas de tout changer immédiatement. Laissez-vous guider par les tensions. Une fois que vous avez pris conscience des raisons pour lesquelles les systèmes en vigueur vous empêchent de progresser, demandez-vous : « Qu'est-ce qui marcherait mieux ? Y a-t-il quelque chose que j'ai appris de *Holacracy* qui pourrait améliorer la situation ? » Lorsque la phase suivante se dessine – qui soit atteignable et permette de faire avancer les choses –, adoptez-la et voyez ce qui se passe. Quel que soit votre point de départ, j'espère qu'un jour, vous aurez l'occasion de vivre le changement de paradigme consistant à travailler dans et sur une organisation tournant intégralement sous le régime de *Holacracy*.

10

VIVRE HOLACRACY

> *Nous ne pouvons jamais être prêts en réalité à affronter ce qui est totalement nouveau. Il faut nous y ajuster et toute adaptation profonde pique au vif notre amour-propre.*
>
> ERIC HOFFER, *Face à un monde changeant**

« Je reconnais à peine mon entreprise », m'a dit un dirigeant. « Depuis que nous avons adopté *Holacracy*, c'est presque comme si nous avions été rachetés par une autre société. »

J'ai entendu diverses variantes de ce sentiment de la part de dirigeants dont l'organisation a adopté *Holacracy*. Ils l'expriment généralement avec un mélange d'euphorie et de désorientation aux premiers stades de la mise en œuvre. Mais cette désorientation finit par laisser place à une libération palpable. Difficile de relater en quelques pages le bouleversement vécu par ces dirigeants – et par quiconque évoluant désormais dans un environnement de travail fonctionnant en *Holacracy*. Imaginez si, un beau matin, vous montiez dans votre voiture et vous vous retrouviez sans volant, sans levier de vitesse, pédales de frein ou d'accélérateur, mais avec tout un tas de cadrans, boutons et manettes dont vous ignoriez le mode de fonctionnement, et avec

* *Eric Hoffer, Face à un monde changeant*, traduit par Pierre Francart, éd. France-Empire, 1969.

la mission de vous rendre rapidement quelque part. Plus étrange encore, juste devant les sièges passagers se trouvent exactement les mêmes commandes. Ce serait plutôt déconcertant, voire déresponsabilisant : le savoir-faire de conducteur que vous utilisez depuis longtemps devient soudain inutile. Et pourtant, lorsque vous vous mettez timidement en route, vous avez le sentiment, malgré ce nouveau système de commandes étrange, que votre voiture a des capacités que n'a jamais eues votre ancien véhicule. Il vous faut un moment pour vous y habituer, mais conduire devient petit à petit un plaisir, car vous arrivez à destination bien plus vite et à moindre effort. Je pense que c'est souvent le sentiment qui habite ceux qui passent d'une organisation traditionnelle à une organisation sous *Holacracy*.

Dans ma démarche ayant consisté à aider de nombreuses organisations à adopter et installer *Holacracy*, des petites startups à des entreprises assez imposantes, j'ai observé et soutenu de nombreuses personnes dans cette phase d'adaptation à un nouveau système de commandes et au changement de paradigme nécessaire aux dirigeants pour considérer leurs fonctions au sein de l'organisation. Chaque cas est différent, mais certaines tendances ont commencé à se dessiner. Bien que rien ne remplace vraiment la confrontation directe à ce changement de paradigme, dans ce dernier chapitre, je vais tenter de passer en revue les changements que vous vivrez au quotidien si votre organisation se met à pratiquer *Holacracy* et certains problèmes à gérer lors de la transition vers un système de gouvernance dynamique et d'autorité distribuée.

RENVERSER LE HÉROS

L'un des changements les plus spectaculaires concerne les dirigeants/détenteurs du pouvoir de l'organisation (fondateurs, P.-D.G., dirigeants) quand la relation entre eux et le reste de l'entreprise est reconfigurée et l'autorité redistribuée dans toute l'organisation. Pour ces dirigeants, ce bouleversement peut constituer un défi existentiel – mais, d'un autre côté, cela peut générer un soulagement et une libération exceptionnels.

Si, en tant que dirigeant, vous avez été habitué à jouer le rôle du héros en vous servant de toutes vos capacités et de votre volonté à faire avancer l'organisation, il vous faudra un nouveau type d'héroïsme pour abandonner votre ancien statut. Vous aurez peut-être l'impression d'être moins performant et efficace qu'auparavant. Vous avez distribué l'autorité à des personnes n'ayant peut-être pas vos capacités. Au départ, vous ressentirez probablement un fléchissement en termes d'efficacité, de productivité et de dynamique. Vous étiez habitué à être responsable et, soudain, vous n'êtes plus seul à la barre et les limites de votre équipe risquent d'influer un peu plus sur votre progression.

Bien entendu, d'un autre côté, l'organisation subit moins de contraintes car elle ne dépend plus totalement de vous, leader héroïque devant supporter le fardeau de la charge. Souvent, c'est le sentiment d'avoir atteint les limites de leurs capacités personnelles qui pousse les dirigeants à rechercher un nouveau mode de fonctionnement, afin de permettre à leur entreprise d'être plus influente au-delà de leur personnalité. Mais les leaders héroïques ont beau ressentir ce besoin, ils sont généralement prisonniers de la structure de pouvoir existante et n'ont pas toujours conscience qu'ils restreignent la capacité de l'organisation à exprimer sa raison d'être – même s'ils s'inscrivent comme les plus grands défenseurs de cette raison d'être. Comme l'a dit l'un de nos clients : « Plus j'en apprenais sur *Holacracy*, plus je me rendais compte que c'était la solution aux problèmes que je rencontrais et à ceux que je n'avais pas encore perçus mais qui allaient inévitablement apparaître si nous continuions de suivre cette voie ». Lorsque le leader héroïque a un premier aperçu de ce qu'il recherche, la réaction est souvent un mélange de peur et de soulagement.

C'est l'instant clé de la voie menant à l'adoption de *Holacracy*. Si le leader n'est pas capable de percevoir ses propres réactions avec un certain degré d'objectivité et de faire suffisamment confiance au processus pour abandonner son pouvoir, cela peut se solder par un échec. Mais la plupart des dirigeants avec qui j'ai travaillé sont en mesure de franchir cette étape de transition et de découvrir tout ce qu'apporte la perspective effrayante de lâcher son pouvoir. Une chef d'entreprise m'a avoué se surprendre à revenir au « mode pouvoir du fondateur » quand elle craignait que les choses ne se fassent pas comme elle l'entendait. Mais, grâce à son engagement dans *Holacracy*, elle est parvenue à résister à la tentation d'imposer un pouvoir autocratique et à respecter la souveraineté des autres personnes remplissant des rôles. Elle a tout doucement commencé à s'apercevoir que les autres étaient capables de gérer des situations sans qu'elle exerce son autorité et a pu se détendre et faire plus confiance à son équipe. Mais, au début, il n'est jamais simple de se défaire de cette relation fusionnelle entre le leader et son organisation.

Je trouve cela encore plus compréhensible quand le dirigeant est également le fondateur – ce visionnaire qui a donné naissance à l'organisation. Mais pas besoin d'être fondateur pour être protecteur à l'excès. J'ai travaillé avec un P.-D.G. qui n'avait aucun lien particulier avec la mission de l'entreprise – c'était un « mercenaire » recruté pour remettre de l'ordre –, mais qui était néanmoins très attaché à son rôle de leader héroïque. Il avait appris à améliorer les choses dans tous ses postes précédents en étant la figure paternelle gentille et chaleureuse. La remise en cause de cette identité le déconcertait considérablement. Il fut à deux doigts de renoncer pendant un moment, mais il s'est accroché suffisamment longtemps pour constater les résultats positifs obtenus, lorsqu'un vent d'autonomie et de créativité sans précédent a soufflé sur son équipe, qui a cessé de le considérer comme le patron patriarche censé leur faciliter la vie. Ce changement l'a incité à faire perdurer le processus et ce lâcher-prise l'a en fait soulagé.

J'ai personnellement vécu la même chose en tant que fondateur de la société d'édition de logiciels qui a mûri les prémices de

Holacracy. En utilisant les processus que j'avais mis en place, j'ai obtenu petit à petit ce que je cherchais et j'ai ainsi pris conscience que j'étais profondément attaché au rôle de leader héroïque – celui qui s'occupe de tout, véritable pierre angulaire. Je suis persuadé que nombre de parents ont ressenti en élevant leurs enfants ce que j'ai éprouvé en développant mon entreprise. Je suis sûr que certains ont vécu la même crise d'identité une fois leurs enfants élevés et qu'ils n'ont plus besoin de l'héroïsme parental. Personnellement, j'ai eu du mal à le vivre et encore plus à me débarrasser de ce sentiment. Mon identité et l'image d'un leader-serviteur responsable, qui responsabilise les autres et conduit l'entreprise et ses employés vers la grandeur ne faisaient presque plus qu'un. C'est une image très forte transformée en statut de héros par notre culture – et ça se comprend car elle reflète souvent ce que nous pouvons faire de mieux au sein de nos organisations conventionnelles reposant indéniablement sur un leadership centralisé. Mais, malgré tous les aspects positifs du rôle de héros, tout faire pour le remplir est également devenu pour moi un piège à ego – c'est dans ce rôle que s'alimentait mon estime de soi et c'était devenu un pilier central autour duquel je construisais mon identité et ma confiance en soi. Au début, je ne percevais pas ses limites, ainsi que les autres possibilités ne reposant pas tant sur mon leadership responsable et héroïque.

Ce que je perçois aujourd'hui dans ce paradigme de leader héroïque, c'est que le leader aura beau être attentionné, charismatique et altruiste, tout le système se trouvera limité par les capacités dudit leader. On prend ce leader pour un surhomme et c'est au final la déception qui l'emporte quand il s'avère qu'il n'en est pas un. Quand j'ai trouvé le courage de sortir de ce rôle et de m'en remettre à un processus capable de gérer l'organisation mieux que moi, j'ai senti le soulagement monter en moi – je n'avais plus à essayer d'être un surhomme ou de faire semblant d'en être un, que ce soit pour moi ou pour les autres.

J'ai également constaté une libération soudaine de mes capacités d'une manière surprenante. Je n'avais pas pris conscience de toute l'énergie que je dépensais à essayer d'exploiter correctement mon pouvoir, d'évoluer à mon meilleur niveau et de tempérer mes réactions de façon à ne pas déresponsabiliser ou écraser les autres. J'étais conscient de la vulnérabilité d'autrui face à mon utilisation du pouvoir et cela nécessitait de ma part une certaine attention et de la minutie afin d'être un leader responsabilisant et empathique laissant les autres s'exprimer. Mais, pour y parvenir, il fallait que je me retienne, afin d'éviter que s'expriment parfois mes points de vue incisifs et que se révèlent avec force mes autres capacités. À d'autres moments, je ne faisais pas preuve de diligence et préférais mener un projet selon mes propres opinions. Mais, ce faisant, la responsabilisation des autres passait souvent à l'arrière-plan et je ne leur laissais pas l'espace nécessaire pour qu'ils s'expriment. C'était alors un cruel dilemme et je me trouvais dans l'obligation de faire un choix alors que je souhaitais être capable d'avancer sans retenue selon mes idées et points de vue affirmés tout en créant un environnement dans lequel les autres pouvaient donner leur avis et avoir un certain pouvoir sans que je les gêne.

Avec *Holacracy*, je n'ai plus besoin de faire ce choix. Je peux m'investir corps et âme pour aller de l'avant sans sacrifier la responsabilisation car plus personne n'est vulnérable à mon utilisation, parfois excessive, du pouvoir organisationnel suprême. Personne n'a l'obligation de m'écouter sauf instruction de la gouvernance et tout le monde a la possibilité de traiter les tensions qu'il considère comme les fruits de mes actes. Pouvoir exprimer sincèrement mes opinions afin de faire avancer mes projets est un énorme soulagement. Je peux désormais plaider de tout mon cœur pour quelque chose, remplir des rôles auxquels je tiens et exploiter à fond mes capacités sans craindre d'écraser les autres. Et je ne gaspille plus mon énergie à essayer de « responsabiliser les autres » au sein d'un système foncièrement déresponsabilisant.

Libéré de la pression permanente associée au besoin d'être parfait, je peux être moi-même et mon entourage a la possibilité d'en faire autant. Le système m'autorise à ne pas être parfait – être dans un mauvais jour, dans une impasse, trop attaché à mes idées –, sans briser le pouvoir et le potentiel des autres.

Ceci dit, *Holacracy* ne m'empêche certainement pas, ni quiconque, d'être un bon leader conscient des choses. Ce système répartit simplement ce besoin entre plus de personnes et en fait une aptitude utile plus qu'un idéal utopique. *Holacracy* ne repose pas sur la faculté d'un tel d'être un brillant leader en permanence, mais sur la capacité de tout le monde à être *parfois* un bon leader. Ainsi, une seule personne n'est pas dans l'obligation d'être en permanence un leader d'exception.

C'est ainsi que s'installe une relation entre pairs sur un pied d'égalité et non une dynamique parent-enfant se caractérisant par une codépendance. Nous sommes des associés, chacun étant responsable de la raison d'être de l'organisation et de ses rôles pour actualiser cette raison d'être. Chez HolacracyOne, ce partenariat n'est pas qu'un changement de nature de la relation, mais une réalité légale. Nous avons structuré l'organisation de façon à n'avoir aucun employé, mais plutôt des associés évoluant dans le cadre d'un partenariat légal régi par la constitution de *Holacracy*, qui ont tous voix au chapitre sur la répartition des pouvoirs au cours des réunions de gouvernance. Bien entendu, il n'est pas nécessaire que chaque entreprise institue un tel engagement légal envers *Holacracy*, car même simplement adopté comme une politique, ce système a un impact profond.

Le changement culturel spectaculaire induit par le passage à *Holacracy* a un prix. Pour ceux qui se sentent confortables lorsqu'ils confient leur pouvoir à un leader qui les dirige et donne son aval sur toutes leurs décisions, passer à *Holacracy*, c'est cesser de se cacher et être prêts à assumer toute l'autorité et toutes les responsabilités qui vont avec. Dans un certain sens, ils se retrouvent à nu et exposés, plus vulnérables et prennent vraiment les *rênes*, même si ce n'est que dans leur rôle, qui représente une toute petite partie de l'entreprise. Et pour ceux qui, comme je l'étais, sont attachés à leur statut de leader attentionné ou responsabilisant, *Holacracy* implique d'abandonner cette image de soi et toute l'estime de soi que ce statut procure – sans parler de dire adieu au désir de tout contrôler. D'un autre côté, vous allez trouver une extraordinaire liberté de création et une toute nouvelle capacité à faire votre travail, au lieu de constamment essayer d'éduquer tout le monde.

La coach en *Holacracy* Anna McGrath m'a raconté une histoire qu'elle tenait de Rick Kahler, fondateur de Kahler Financial Group, qui avait environ un an de pratique de *Holacracy* derrière lui. « Hier, je suis arrivé fatigué, ébouriffé et presque en retard à une réunion de gouvernance, revenant d'un déplacement sur la côte est », lui a-t-il dit. « Il y avait six personnes autour de la table, plus moi, qui étais presque l'exception. Je n'avais aucun sujet d'importance à aborder. En observant le déroulement de la réunion, il était clair que ma présence importait peu. Presque tout le monde inscrivait des points à l'ordre du jour et la magie opérait. J'étais comme une sorte d'observateur. Ne vous méprenez pas, ce n'était pas que je ne faisais pas partie du processus, mais *je n'étais pas le processus.* Je n'avais absolument pas la responsabilité de « porter » la réunion. Plus tard, un collègue m'a donné son sentiment : “Ne le prends pas mal, mais, pour la première fois, tu ne m'as pas paru au-dessus du lot lors de cette réunion. Tu n'étais qu'un participant, au même titre que les autres. J'ai regardé tout le monde autour de la table et j'avais vraiment le sentiment que nous formions une équipe”. » Pour Rick et de nombreux leaders comme lui, ce genre d'expérience provoque un grand soulagement.

Comme l'un de nos clients nous l'a dit récemment, vous avez même parfois le sentiment de pouvoir faire une pause, dont vous aviez grandement besoin. « *Holacracy* m'a permis pour la première fois de prendre de vraies vacances, de déconnecter réellement », a confessé Phil Caravaggio, fondateur de la société spécialisée dans le coaching et la science de la nutrition, leader du marché, Precision Nutrition. « Comme *Holacracy* vous force essentiellement à définir explicitement vos rôles et tâches, affecter temporairement des personnes à certains rôles pendant votre absence est d'une facilité confondante. Ces personnes ne pourront pas faire ce que je fais en temps normal, mais elles savent précisément ce sur quoi se concentrer. Et il n'y a aucune vacance du pouvoir ou de confusion concernant qui est responsable de quoi. C'est un effet secondaire extrêmement inattendu et positif de l'adoption de *Holacracy*, car l'une des principales raisons pour lesquelles j'ai opéré ce changement, c'est que le cofondateur et moi-même commencions à ressentir le "burnout du fondateur". »

Enfin, *Holacracy* responsabilise tout le monde, dont le leader, au sein du système. Mais, tout d'abord – pour revenir à notre métaphore de la voiture équipée de nouvelles commandes –, vous devez respirer profondément, comprendre ces commandes inconnues et sortir la voiture de chez vous, alors que tout le monde autour de vous en fait autant.

Élément intéressant, j'ai remarqué chez nos clients que les dirigeants désireux de s'effacer attendent parfois de moi (ou de l'un de mes collègues) que j'endosse le rôle de leader héroïque afin de faciliter la transition. Lorsque nous commençons à utiliser les processus de réunion, ils pensent que je vais décrypter leurs émotions et celles de leur équipe et adapter le processus à leurs besoins. Lorsque je m'en tiens fermement au processus, ils prennent ça comme un affront, comme si je ne prenais pas soin d'eux et de leur famille professionnelle. Il leur faut un peu de temps pour s'adapter au fait qu'en tant que facilitateur, je prends soin du *processus* et non des personnes. Je ne cède pas à la tentation de remédier à la vacance du pouvoir, mais je suis simplement le garant de l'exécution du processus selon les règles de la constitution. Au début, c'est un processus désordonné et personne ne connaît ces règles. Mais ma mission n'est pas d'atténuer cela en devenant un patron de substitution, même s'il règne un certain malaise.

Résultat : le processus ressemble souvent à un chaos sans chef. Dernièrement, chez un client, lors des premières réunions de gouvernance, je consignais par écrit textuellement les propositions formulées par les participants, même quand elles n'étaient pas exprimées clairement et sous une forme convenable en matière de gouvernance. Et, comme on pouvait s'y attendre, elles n'étaient pas très cohérentes. Plus tard, lorsque j'ai émis l'objection « gouvernance non valide », des personnes ont commencé à s'agacer. « Pourquoi vous ne nous aidez pas à corriger cela ou à améliorer les propositions d'emblée ? » Mais je me contentais de prendre des notes et d'appliquer le processus. Lentement mais sûrement, le processus apporte de la clarté et du sens aux propositions émises. Et les gens finissent par avoir confiance dans le processus et dans leur capacité à l'utiliser, plutôt que de compter sur moi, leur P.-D.G., ou quelqu'un d'autre.

La redistribution de l'autorité a cela de beau qu'elle élimine le besoin d'un manager, d'un consultant ou d'un autre individu d'endosser le costume du héros. Une fois *Holacracy* installée, au sein de chaque équipe, le pouvoir n'est pas aux mains d'un leader-manager héroïque mais du processus, intégré à la constitution. Mais cela ne débouche pas, comme peuvent le craindre certains, sur une organisation chaotique et inefficace qui fonctionne sans but. Dans un certain sens, tout le monde devient le leader de ses rôles. Un participant à une formation a parfaitement saisi cela en faisant remarquer que, plutôt que de passer d'une autocratie dirigée par un leader à un collectif sans leader, ce que nombre d'entreprises ont tenté de réaliser sans trop de succès, *Holacracy* parvenait à créer une organisation *remplie de leaders*. Le leadership devient accessible, même automatiquement, car tout le monde s'en empare.

DÉRACINER LA VICTIME

Les leaders ne sont pas les seuls à trouver la transition vers *Holacracy* désagréable. Dans la dynamique parent-enfant existant dans la plupart des organisations, ceux qui endossent le rôle type de l'enfant sont souvent profondément attachés à ce mode d'existence, même s'ils sont frustrés par son côté déresponsabilisant. Nous avons beau parfois nous plaindre des mauvais managers, je pense que la plupart d'entre nous sont contents de pouvoir se tourner vers un leader héroïque pour résoudre les problèmes qu'ils ne savent pas gérer eux-mêmes ou ne souhaitent pas reconnaître et affronter. *Holacracy* brise cette dynamique pour tout le monde, avec des conséquences intéressantes.

Désormais titulaires de l'autorité associée à leurs rôles, les salariés habitués à être au bas de l'échelle organisationnelle deviennent souvent mal à l'aise de ne plus pouvoir se cacher ni avoir personne sur qui rejeter la faute. Adopter le statut d'enfant ou de victime, aussi déresponsabilisant que cela puisse être, permet d'avoir la paix et de se tirer d'affaire. Nous pouvons nous plaindre et maugréer à la machine à café, mais ne jamais pouvoir faire grand-chose contre les tensions que nous ressentons. Comment pourrions-nous ? Nous n'avons pas le pouvoir nécessaire. Mais, en *Holacracy*, c'est l'inverse. Nous *avons* le pouvoir, quelle que soit notre position dans l'organisation, de transformer n'importe quelle tension ressentie en changement significatif. Comme le dit Alexis Gonzales-Black, de Zappos, « *Holacracy* ne se débarrasse pas de vos problèmes. *Holacracy* est un outil qui vous permet de résoudre vos propres problèmes ».*

L'exercice de ce pouvoir peut faire peur au début et il faut parfois un peu de temps pour être convaincu que vous ne serez pas réprimandé ou sanctionné. Mais *Holacracy* ne laisse guère le choix – difficile d'échapper à la responsabilisation lorsque le processus en vigueur dans l'organisation n'a de cesse d'éclairer votre cachette. Grâce à *Holacracy*, vous pouvez traiter les tensions mais aussi choisir de ne pas le faire, vous avez la possibilité de vous exprimer ou non et ce ne sont pas les autres qui détiennent le pouvoir, mais *vous*. Et, non seulement vous avez le pouvoir, mais si vous remplissez un rôle et agissez en conséquence, vous avez également la responsabilité qui va avec. L'organisation compte

---

* Alexis Gonzales- Black, « Holacracy at Zappos ».

sur vous, capteur de tensions, pour révéler ces dernières afin que l'entreprise puisse évoluer.

Bien entendu, nous nous plaignons tous encore de temps en temps de ne pas aimer certaines choses. Mais, en *Holacracy*, plusieurs options s'offrent à nous. Nous pouvons choisir de gaspiller notre énergie à rouspéter contre la situation ou d'agir pour la changer. Cela peut s'avérer un processus révélateur. Quand vous n'êtes plus en mesure de vous inscrire en victime et d'accuser « les autres » ou « les circonstances », vous voyez votre résistance à la réalité telle qu'elle est. Un professeur de méditation ayant suivi une formation à *Holacracy* a souligné que le processus était très similaire à ce qu'il enseignait – comment prendre conscience de sa résistance à la réalité et de son attachement à ses points de vue. Et, à l'instar de la pratique de la méditation, l'exercice de *Holacracy* n'est pas facile. Braquer son miroir intérieur sur ses résistances et ne pas pouvoir les projeter inconsciemment sur les autres n'est pas évident. Mais c'est aussi l'approche la plus responsabilisante que j'aie jamais rencontrée. *Holacracy* demande à chaque personne de s'approprier et d'accroître son autorité – démarche qui sera sans doute parfois difficile, terrifiante, mais aussi peut-être exaltante.

Jouir d'une autorité méconnue peut s'avérer délicat dans un premier temps. En *Holacracy*, vous n'êtes pas contraint de rechercher le consensus ou l'aval d'autrui pour prendre des décisions entrant dans le champ d'action de votre rôle. Mais certaines personnes ont du mal à perdre cette habitude, craignant de blesser ou de contrarier leurs collègues en prenant des décisions sans demander l'avis de tout le monde. Exemple : ce qui s'est passé dans une entreprise dans laquelle j'interviens venant tout juste d'adopter *Holacracy*. La secrétaire d'un cercle avait programmé des réunions de gouvernance tous les quinze jours, mais, un matin, le P.-D.G. a annoncé qu'il devait se rendre à l'étranger et serait donc absent lors de la prochaine réunion et qu'il fallait donc la reporter. Il craignait que soient abordés lors de cette réunion des thèmes clés auxquels il se devait d'être associé – inquiétude compréhensible pour le leader d'une entreprise qui était en train de connaître un véritable bouleversement.

Cependant, comme je l'ai expliqué au P.-D.G., la constitution de *Holacracy* octroie au secrétaire élu l'autorité de programmer ou d'annuler les réunions de gouvernance et de triage d'un cercle. Tout le monde peut donner son avis sur la date à laquelle pourrait se tenir la réunion, mais le secrétaire dispose de l'autorité nécessaire pour suivre ou non cette opinion et n'est pas obligé de la solliciter. Dans ce cas précis, la secrétaire a pris la décision de maintenir la réunion en s'en remettant à son jugement personnel. Mais il est intéressant de noter que lorsque la réunion a débuté, elle a exposé le tout premier sujet de l'ordre du jour, qui était une politique destinée à officialiser sa décision : « Nous nous réunissons un lundi sur deux quels que soient les absents ».

Ce qui est fascinant dans l'histoire, c'est que la secrétaire avait déjà toute l'autorité nécessaire pour prendre cette décision et n'avait donc pas besoin d'une politique. En fait, la politique qu'elle a proposée ne faisait que *contraindre* son autorité d'utiliser son meilleur jugement si jamais elle désirait modifier par la suite sa décision. Quand j'ai vu cela, j'ai pris conscience que le fait de se servir de son autonomie et d'utiliser son autorité la mettait mal à l'aise et qu'elle craignait d'empiéter sur la zone de confort des autres et surtout celle du P.-D.G.. Cette réaction est très courante peu de temps après l'adoption de *Holacracy*. La plupart des gens ne sont pas habitués à avoir de l'autorité et ne comprennent pas que cela doit les détendre, sachant que le processus de gouvernance permet à tout le monde de traiter toutes les tensions qui peuvent s'ensuivre. La secrétaire souhaitait anticiper toute tension que le P.-D.G. ou quelqu'un d'autre pourrait ressentir en veillant à ce qu'il se dégage un consensus qui la mettrait plus à l'aise. La beauté de *Holacracy* tient cependant à l'inutilité de cette anticipation. Comme je le lui ai expliqué à la séance de coaching suivante, tout ce dont elle avait besoin, c'était de s'approprier son autorité. Si le P.-D.G. ou quelqu'un d'autre ressentait une tension concernant l'utilisation que faisait la secrétaire de son autorité, il pouvait formuler lors de la réunion de gouvernance suivante une proposition limitant la latitude du secrétaire à programmer des réunions.

Si les gens sont mal à l'aise face à l'absence de recherche de consensus ou s'excusent de prendre certaines décisions ou de faire tanguer le navire, c'est bon signe – cela signifie qu'ils commencent à entrer dans une nouvelle relation avec les autres et à s'approprier leurs rôles. À mesure qu'ils deviennent plus à l'aise avec leur autorité et son utilisation, ils cessent ensuite de ressentir le besoin de présenter leurs excuses. Est-ce que votre cœur vérifie auprès de tous les organes avant d'envoyer du sang dans votre organisme ? Est-ce que le foie s'excuse auprès de l'estomac de filtrer les substances nocives ?

Lorsque ce changement commence à bien s'ancrer et que vous vous sentez libéré de la relation parent-enfant avec le leader, un nouveau type de motivation fait souvent son apparition. Une personne avec qui j'ai travaillé l'a décrite comme « une puissante dynamique m'incitant à fonctionner au maximum de mes capacités, de me dépasser et d'évoluer de manière novatrice. Cette dynamique ne vient pas de la présence d'un chef derrière mon dos, mais du sentiment, sans précédent, que mes rôles dépendent de moi et que l'ensemble du système dépend de la qualité de mon travail dans le cadre de mes rôles. » Cela peut devenir une dynamique culturelle particulièrement forte, chacun incitant l'autre à s'investir et à donner le meilleur de lui-même. Je compare parfois cela à ce que j'ai entendu de la bouche des militaires – ce sentiment de profonde camaraderie qui naît quand vous savez que tout le monde dépend des autres et que chaque personne adopte cette responsabilité absolue.

ALLER AU-DELÀ DU PARADIGME PERSONNEL

Lorsque vous vous rapprochez d'une structure de rôles et de redevabilités claire et transparente, vous pouvez également prendre conscience du profond changement de paradigme associé. Il peut alors vous sauter aux yeux que, jusqu'à présent, les décisions et attentes reposaient sur des relations personnelles ou des accords spécifiques entre personnes. Comme l'a dit le P.-D.G. d'une entreprise cliente, « *Holacracy* nous a aidés à passer d'une culture axée sur les personnes à une culture où tout repose sur les rôles et les pratiques ».

Pour la plupart des gens, abandonner les nombreuses expressions négatives de la politique personnelle finit par être un soulagement. Mais, dans de nombreuses organisations, le climat relationnel a un côté extrêmement positif et il est bien plus difficile de s'en débarrasser – les relations se sont développées dans un environnement où tout le monde s'entraide et qui se caractérise par un humanisme et un relationnel de qualité. Les personnes ayant aimé ce type d'environnement ressentent légitimement une certaine appréhension lorsqu'elles découvrent *Holacracy*. Elles ont appris à se servir des relations personnelles pour obtenir un résultat au sein de l'organisation et *Holacracy* leur demande de dire adieu à ce qui était à la base de leur efficacité. Il leur faut également une nouvelle représentation mentale de la vie dans l'organisation et du mode d'expression des individus en son sein.

Pour répondre à cela, je dis souvent sans détours : *Holacracy n'est pas une question de personne*. C'est l'un des aspects de la pratique de *Holacracy*, pourtant fondamental, que les gens ont le plus de mal à avaler. *Holacracy* n'essaie pas d'améliorer la personne, de la rendre plus compatissante ou de lui ouvrir la conscience. Et elle ne lui demande pas de créer une culture particulière ou de se comporter avec les autres d'une certaine manière. Mais c'est précisément parce qu'elle n'essaie pas de changer les gens ou la culture qu'elle permet au développement personnel et culturel de se produire plus naturellement (ou pas si ce n'est pas nécessaire).

C'est à mes yeux le plus beau des paradoxes de *Holacracy*, même s'il n'est pas évident à expliquer, surtout à une époque marquée par l'amélioration des cultures organisationnelles, le développement personnel et la promotion d'un leadership plus responsable. *Holacracy* opère à un tout autre niveau, sans entrer directement en conflit avec ces notions, mais en mettant en place un système sous-jacent différent dans lequel de telles initiatives ne sont plus des leviers au changement et les mêmes résultats s'obtiennent sans les rechercher directement.

Holacracy est centrée sur l'organisation et *sa* raison d'être – et non sur les personnes, leurs désirs et leurs besoins, aussi positifs qu'ils puissent être. Même dans les réunions de gouvernance très intégratives, qui permettent à chaque personne de s'exprimer, le but n'est pas de rechercher l'assentiment ou la satisfaction des participants. Nombre des règles des réunions de gouvernance sont précisément faites pour que l'on se concentre sur ce qui est nécessaire à l'organisation pour exprimer sa raison d'être, au vu des besoins concrets de ses rôles et non des opinions, désirs, valeurs, objectifs ou autres éléments personnels. En *Holacracy*, rechercher l'approbation d'autrui ou obtenir un consensus n'est pas une condition préalable à la prise de décision dans une réunion de gouvernance. Et ces règles nuancées empêchent que l'approbation ou le consensus n'interfère ou elles s'en débarrassent rapidement s'ils font leur apparition. Les systèmes et processus de *Holacracy* sont destinés à aider en permanence l'organisation à trouver son identité et sa structure afin de mener sa mission, tout en protégeant celle-ci des intentions, ego et politiques des personnes qui évoluent en son sein. *Holacracy* permet à l'organisation d'être plus axée sur sa propre raison d'être, comme un enfant qui se forge une identité et se fixe des objectifs différents de ceux de ses parents.

Quand la société David Allen Company a vécu cette transition, nombre de ses employés avaient du mal à basculer vers une approche plus impersonnelle. Ils avaient œuvré pendant des années à l'instauration d'une culture très chaleureuse et intime, que vous ressentiez dès que vous mettiez les pieds dans leur bâtiment. Cela ressemblait vraiment au lieu de travail idéal, les employés se faisaient confiance, s'écoutaient et entretenaient des relations étroites. La mise en place de *Holacracy* détricotait ce tissu relationnel en modifiant la façon de travailler. Beaucoup d'employés étaient bouleversés par ce changement. Mais *Holacracy* ne faisait pas disparaître cette confiance et cette relation obtenue par un dur labeur. Elle la déplaçait en créant un espace la libérant de toutes les questions organisationnelles.

Et cela a fait tilt dans la tête de David, qui a exprimé son sentiment ainsi : « Ce que vous dites, c'est que c'est une mauvaise utilisation de l'amour et de l'affection que de *se servir* de cet amour et de cette affection pour réaliser quelque chose. » C'est d'ailleurs devenu l'une de mes descriptions préférées de cet aspect de *Holacracy*. Mettre en place *Holacracy*, ce n'est pas rejeter ou limiter une culture de l'amour et de l'affection, mais rendre *plus* sacrée la relation humaine, car, avec ce système, pas besoin de s'appuyer sur nos relations pour traiter les tensions existant au sein de l'organisation. *Holacracy* produit également l'effet inverse, à savoir réduire l'impact des tensions au sein de l'organisation sur les relations humaines.

Quelques mois plus tard, en réfléchissant à la transition opérée par son entreprise, David a fait une observation intéressante : « En distribuant les responsabilités dans toute l'organisation, mon attention s'est retrouvée moins focalisée sur la culture. Avec un système d'exploitation qui pose problème, vous devez vous concentrer sur des aspects tels que les valeurs pour que cela devienne supportable. Mais si nous avons tous en tête la raison d'être et que nous faisons ce qu'il faut et correctement, la culture émerge d'elle-même, sans que vous ayez besoin de l'imposer. » Lui et son équipe étaient en train de découvrir que *Holacracy* ne faisait pas disparaître les dimensions personnelle et interpersonnelle, mais incitaient les individus à être plus eux-mêmes et ensemble, sans souiller cet espace avec des idées pour le business et des jeux politiques.

À cet égard, *Holacracy* offre l'avantage de séparer des domaines qui ne font souvent qu'un au sein d'organisations traditionnelles, phénomène parfois encore plus criant dans les organisations progressistes. Pour mon associé Tom Thomison, il s'agit de différencier l'« espace personnel » et l'« espace des relations humaines » de l'« espace des rôles » et l'« espace de l'organisation ». J'aime cette distinction et ce qu'elle met en avant. Ces sphères très différentes de l'expérience humaine sont souvent rendues floues car elles coexistent dans n'importe quelle organisation. L'espace personnel et l'espace des relations humaines sont ceux où s'exprime la merveilleuse richesse de l'être humain. L'espace personnel vous concerne personnellement et englobe vos valeurs, passions, talents, ambitions et identité, tandis que l'espace des relations humaines touche à la façon dont nous interagissons et aux valeurs, à la culture, au sens que nous donnons aux choses et au langage que nous partageons. L'espace des rôles, c'est là où nous menons des actions pour remplir nos rôles, afin d'exprimer la raison d'être et les redevabilités de ces rôles. Enfin, l'espace de l'organisation est le résultat de la collaboration entre rôles et de l'utilisation de ces rôles dans l'optique de respecter la raison d'être de l'organisation.

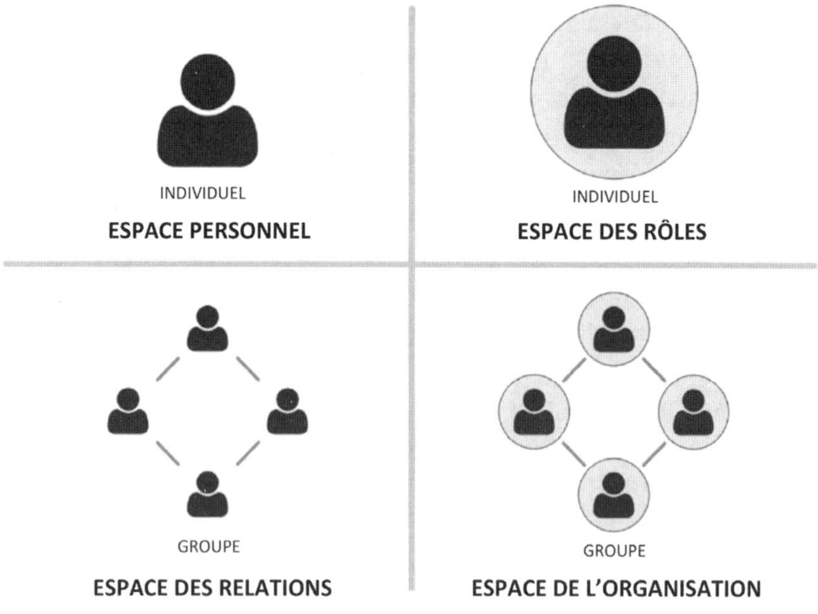

Bien pratiquée, *Holacracy* ne dévalorise pas les domaines personnel et interpersonnel comme le craignent certaines personnes au départ. En fait, je vois régulièrement *Holacracy* favoriser un profond respect de l'individu, bien plus que dans de nombreuses organisations focalisées sur ces dimensions. Et ce, en distinguant clairement ces quatre espaces et en établissant des frontières appropriées entre. Ainsi, les espaces sont en mesure de coexister sans que l'un d'eux domine les autres. La fusion inconsciente et les frontières floues cèdent la place à un mariage salutaire reposant sur l'intégration.

Avec tous les processus de *Holacracy* attachés et limités aux espaces organisationnels et inter-rôles, notre espace des relations humaines se caractérise par une certaine anarchie. Une organisation peut créer des applications pour réguler cet espace lorsque cette mesure est véritablement utile à sa raison d'être. Mais je suis persuadé que privilégier le pragmatisme de cet espace sans trop de réglementations est bénéfique. Si plusieurs personnes souhaitent convenir de quelque chose – afin de communiquer avec plus d'empathie, par exemple –, elles sont en droit de le faire. Mais lorsque la politique de l'entreprise requiert aujourd'hui de procéder ainsi afin d'obtenir des résultats, cela diminue la profondeur et l'authenticité de cet accord potentiel. Plutôt que de forcer les gens à adopter un certain type de relation, *Holacracy* permet à l'organisation de fonctionner de manière optimale *quel que soit le mode relationnel adopté par les individus.* Cela nous empêche de mêler nos objectifs de développement personnel ou désirs culturels aux besoins et à la gouvernance de l'organisation. Les valeurs humaines demeurent ainsi en dehors de l'espace organisationnel, ce qui permet également à l'organisation de ne pas entrer dans notre espace de valeurs humaines. Et, ce qui est peut-être le plus important, cela empêche ceux qui travaillent dans l'espace de l'organisation de nous dominer avec leurs valeurs humaines au nom de la productivité de l'entreprise.

L'ironie de la chose, c'est que cela s'avère la meilleure recette pour une culture des rapports humains plus axée sur l'empathie, le lien, la communication sincère et une dynamique humaine générative, quelle qu'elle soit. Ces dimensions peuvent naître librement lorsque nous œuvrons ensemble pour le bien d'une autre entité (l'organisation) et sa raison d'être, dans un espace clairement défini, libérés de la pression de paraître comme nous le devrions aux yeux d'autrui – à moins que nous en ayons sciemment convenu.

Cette fondation crée véritablement un nouvel environnement professionnel, un univers doté de l'espace et de l'autonomie pour remplir ses rôles, sans la nécessité d'atteindre un consensus ou d'obtenir l'adhésion de quelqu'un. Il s'agit également d'un univers dans lequel votre autorité ne peut être récupérée par une personne n'aimant pas les décisions que vous prenez. Vous savez qui est responsable de quoi et ce que vous êtes en droit d'attendre des autres (et vice versa). Vous n'avez donc pas besoin de subir la bureaucratie, la politique et les questions d'ego associées aux attentes implicites. Et lorsqu'un élément n'est pas clair ou que les autorités ou attentes doivent évoluer, il existe un processus de gouvernance intégratif permettant de clarifier les choses. Imaginez que vous vous rendiez chaque matin au travail en affichant un moi authentique au profit d'une raison d'être allant au-delà de votre personne, déchargé du fardeau des conceptions implicites des autres sur la façon dont vous devez vous comporter. Puis, le soir, vous quittez la plupart du temps le bureau en estimant avoir pleinement utilisé vos capacités et exploité vos talents pour une cause que vous avez choisi de servir. J'adore l'univers que *Holacracy* a créé dans mon organisation – et la façon dont cette méthode a libéré les autres espaces de mon existence. Une fois que vous avez dépassé le sentiment étrange initial qui accompagne le respect de procédures inconnues et que vous vous êtes habitué au nouveau système de commandes, vous pouvez être agréablement surpris par la fluidité et la liberté avec lesquelles vous et votre organisation parvenez à gérer l'univers actuel qui évolue à toute allure et se montre imprévisible.

L'ÉVOLUTION DE L'ORGANISATION

Nombre des changements explorés dans ce chapitre ne sont pas spécifiques à *Holacracy*. *Holacracy* n'est qu'un exemple de système qui emploie l'organisation autonome entre pairs et l'autorité distribuée en lieu et place d'approches plus traditionnelles pour faire régner l'ordre. Bien que je juge cette méthode novatrice à plus d'un titre, il n'est pas nécessaire d'aller bien loin pour trouver d'autres systèmes et processus reflétant un paradigme similaire. En fait, je pense que *Holacracy* n'est qu'une expression d'une évolution plus large vers une nouvelle manière de structurer notre monde et nos interactions. Et j'espère qu'elle contribuera à mener cette mutation globale. Elle peut tout du moins prouver que l'ordre peut régner sans dirigeant installé au sommet d'une pyramide. Je vois des gens se priver de leur autonomie au profit de leaders de toutes sortes et ce n'est guère surprenant. La plupart des gens ont grandi dans des foyers où un patriarche incarnait l'autorité, puis sont entrés dans le monde du travail, dans un environnement structuré de la même façon et sont peut-être même devenus eux-mêmes ces symboles de l'autorité, professionnellement ou en tant que parents. Ce modèle socialement ancré se répète et se renforce dans bien des pans de notre vie.

Les organisations pratiquant *Holacracy* permettent à leurs employés de vivre une expérience très différente, avec un pouvoir réparti, la possibilité de grandir ensemble, une souveraineté personnelle respectée sans figure d'autorité vers qui se tourner, des conditions réunies pour se soutenir mutuellement tout en prenant en charge une partie du système. J'espère que cette expérience vous aidera à vous poser des questions plus profondes, voire à faire naître un certain scepticisme lorsque les leaders et figures d'autorité de toutes sortes nous conseillent vivement de leur faire confiance et de mettre notre destin entre leurs mains.

D'une façon ou d'une autre, dans les organisations et la société, je pense que nous continuerons à voir des systèmes de commandes statiques, centralisés, céder la place à autre chose. L'évolution semble favoriser des processus permettant l'émergence d'un ordre entre pairs quand de vraies tensions surgissent. Je pense que l'un des meilleurs moyens de mettre cela en place est d'instaurer la gouvernance dans les systèmes – un processus tellement intégré qu'il fonctionne automatiquement, comme la respiration, sans que la présence de maîtres architectes chargés de produire préalablement le plan parfait soit nécessaire. Voilà un joli paradoxe : avec un système assurant la distribution de l'autorité et respectant l'autonomie de tous ses acteurs et composantes, vous disposez également d'un système capable d'afficher en même temps une meilleure cohésion et de mieux fonctionner comme un ensemble intégré. Nous n'avons donc pas besoin de choisir entre un système centralisé et un système distribué. Une holarchie qui fonctionne bien a cela de beau qu'elle offre les deux – des entités autonomes constituées de parties liées, elles-mêmes autonomes à tous les niveaux.

Enfin, s'il y a bien une chose que l'évolution favorise par-dessus tout, c'est bien l'évolution proprement dite. Les roues de l'évolution tournent depuis des lustres, en quête de nouvelles structures d'une profondeur et d'une complexité toujours plus grandes. À chaque bond novateur, l'évolution semble trouver des moyens d'accélérer son processus et d'étendre sa portée à des domaines de la vie de plus en plus nombreux. Enfin, *Holacracy* est une invitation à s'investir dans ce processus d'une façon nouvelle, à l'aide d'un nouvel outil. Que ce soit via *Holacracy* ou un autre système, l'évolution trouvera sa place dans nos organisations. Ce n'est qu'une question de temps. Nous pouvons favoriser son développement ou la combattre pendant un temps – mais, de toute façon, l'évolution n'en fera qu'à sa tête avec nous.

REMERCIEMENTS

Les personnes ayant contribué à développer *Holacracy* sont nombreuses, que ce soit directement, en étant les premières à l'utiliser ou indirectement, en influant sur son développement par leurs travaux. Difficile de dresser la liste de toutes ces sources d'aide et d'inspiration et de leur rendre hommage. Donc, mes excuses par avance à ceux que je vais sans nul doute oublier de remercier.

Pour la magnifique clarté et utilité de sa méthode *Getting Things Done*, sans parler de son adoption précoce de *Holacracy* et sa superbe préface, un merci tout particulier à David Allen. *GTD* est un exemple remarquable du type de système que je recherchais avec *Holacracy* – une inévitable découverte et une codification des moyens les plus naturels de traiter, organiser et réagir aux nombreux éléments présents dans notre monde. J'ai recherché le même type de « lois naturelles » de l'organisation collective proposé par *GTD* pour l'organisation individuelle et les travaux de David ont été une grande source d'inspiration, outre ses contributions plus directes au jargon et aux concepts clés de *Holacracy*.

Pour m'avoir catalysé et poussé dans la bonne direction, toute ma reconnaissance va à Tom Thomison, cofondateur d'HolacracyOne. Tom a parfaitement mis en valeur mon énergie et ma concentration. Les premiers jours, il a mis à l'épreuve *Holacracy* comme personne – son agitation amicale m'a contraint à apporter la clarté et les développements qui s'imposaient aux principaux processus et règles. Et il m'a aidé à bien faire la distinction entre ma personne et ma création. Il a également joué un rôle essentiel dans la naissance d'HolacracyOne et l'invention des concepts permettant le passage à *Holacracy*. Son empathie et son altruisme sans bornes m'ont particulièrement enrichi et apporté un grand soutien et je suis loin d'avoir été le seul à en bénéficier.

Je tiens à remercier tous mes partenaires d'avoir rejoint HolacracyOne et de m'avoir aidé à exprimer sa raison d'être. Leur énergie, leur camaraderie et tous leurs efforts ont été précieux. J'aimerais tout particulièrement remercier Alexia Bowers, à nos côtés depuis le début, ainsi que Karilen Mays, Olivier Compagne et Deborah Boyar, qui nous ont rejoints très vite et ont apporté leur remarquable contribution, en tant que premiers coachs en *Holacracy* en dehors de Tom et moi-même. Merci également à Lewis Hoffman, non seulement pour ses contributions éclairées au développement du logiciel, mais plus encore pour sa présence pleine de sincérité à laquelle j'aspire et qui a fait de notre collaboration un véritable plaisir. Je souhaiterais également remercier les premiers fournisseurs agréés pour avoir fait connaître cette méthode dans le monde, et plus particulièrement Bernard Marie Chiquet, Diederick Janse et Anna McGrath. Un autre coup de chapeau à Dennis Wittrock, partisan dont l'intervention au début de l'aventure nous a permis d'organiser nos premiers ateliers en Europe.

Je suis reconnaissant à mes cofondateurs Anthony Moquin et Alexia Bowers et nos développeurs de logiciels agiles axés sur les processus, Bill Schofield et Gareth Powell, d'avoir supporté mes premières explorations de *Holacracy* alors que je procédais à de redoutables expériences au sein de ma société d'édition de logiciels. Tous ceux qui ont travaillé dans cette entreprise au fil des ans ont également du mérite car les expériences menées en permanence qui débouchèrent sur un système élégant n'étaient pas elles-mêmes souvent élégantes.

Pour leurs ouvrages et autres travaux ayant pris une place de choix dans mon périple vers l'amélioration des organisations, je remercie : Linda Berens, Barry Oshry, Peter Senge, Patrick Lencioni, Jim Collins et Elliott Jaques.

Pour leurs modèles et points de vue uniques qui m'ont aidé à bien comprendre le système que j'étais en train de créer et ses atouts, j'aimerais remercier : Eric Beinhocker, Nassim Nicholas Taleb, Ken Wilber, Murray Rothbard et Ludwig von Mises.

Pour toutes leurs contributions à l'organisation autonome, à la planification agile et aux changements d'état d'esprit associés, merci aux nombreux pionniers de la communauté des développeurs de logiciels agiles : Kent Beck, Mary Poppendieck, Ken Schwaber, Jeff Sutherland, Mike Cohn et bien d'autres.

Pour ses travaux et ouvrages sur la sociocratie, toute ma reconnaissance va à Gerard Endenburg. Son système a influencé le début du développement de *Holacracy* et donné l'idée d'utiliser des seconds liens et d'adopter son processus d'élection.

Je suis redevable à Ellen Daly, consultante littéraire qui m'a aidé à écrire ce livre. Sans son investissement et son talent, ces pages n'auraient peut-être jamais vu le jour. Je dois également beaucoup à mon éditeur, Will Schwalbe, qui, avec mon agent, Lisa Queen, a su mieux que moi déceler tout le potentiel de ce livre et m'a aidé à voir ce qui manquait à ce manuscrit pour l'exprimer. Le plus important peut-être, c'est qu'ils savaient ce qu'il fallait mettre de côté. Merci également à Chris Cowan, qui, au sein d'HolacracyOne, s'est démené pour publier cet ouvrage, ainsi qu'à toute l'équipe de chez Henry Holt qui nous a accompagnés tout au long de l'aventure, et plus particulièrement à Maggie Richards et Pat Eisenmann.

Je suis très reconnaissant à ma mère, Shirley Mackey, qui a supporté mon enfance très originale et m'a aidé à bâtir une solide conscience de soi. Sans le magnifique boulot qu'elle a fourni pour catalyser le développement de mon ego très fort mais sain, je n'aurais pas ressenti le besoin de créer un système destiné à protéger les autres de cet ego.

Pour avoir contribué à mon évolution et à celle de *Holacracy* d'une manière que je découvre encore régulièrement et que je sais ne pouvoir pleinement cerner avec l'outil limité et rudimentaire qu'est mon langage, toute ma gratitude et mon amour vont à ma femme, Alexia Bowers. Son nom est déjà apparu deux fois plus haut pour des contributions plus tangibles et particulièrement louables, même si elles n'illustrent pas tout l'éventail de sa participation à l'histoire de *Holacracy* et son rôle dans l'écriture de ce livre.

Enfin, pour leur courage, leur vision, leur faculté d'adaptation et leur discipline, je salue bien bas tous les dirigeants et entreprises cités dans ce livre, et les nombreux autres pratiquant *Holacracy* au quotidien. Ce sont les pionniers d'une nouvelle manière de s'organiser et de travailler ensemble, qui contribuent en même temps à faire évoluer cette méthode pour qu'elle devienne un véritable mouvement, au-delà de mon intervention personnelle. Je sais que la future évolution de *Holacracy* dépendra de plus en plus de la communauté d'utilisateurs et des tensions qu'ils ressentent dans le système proprement dit, plutôt que du bricolage de votre serviteur. Comme un parent assistant au départ de la maison de son rejeton pour fonder sa propre famille, je suis tout particulièrement heureux de voir le système auquel j'ai donné naissance trouver une communauté si impliquée et désireuse que *Holacracy* fasse sa vie dans le monde, quel que soit son destin.

À PROPOS DE L'AUTEUR

BRIAN J. ROBERTSON a développé *Holacracy* en expérimentant des techniques de management au sein de ses propres entreprises, au départ en tant que P.-D.G.. Il a fondé et dirigé une société d'édition de logiciels qui a connu une croissance rapide. Il travaille désormais chez HolacracyOne, l'organisation qu'il a lancée afin de soutenir le développement de *Holacracy*. Il a aidé des centaines d'entreprises de par le monde à installer et pratiquer cette méthode de management. Il vit aux États-Unis, près de Philadelphie.

INDEX

C

D

E

F

G

H

I

J

K

L

M

O

P

Q

R

S

T

V

TABLE DES MATIÈRES

Achevé d'imprimer en février 2016
sur les presses de la Nouvelle Imprimerie Laballery
58500 Clamecy
Dépôt légal : mars 2016
N° d'impression : 602290

Imprimé en France

La Nouvelle Imprimerie Laballery est titulaire de la marque Imprim'Vert®